墨香会计学术文库

审计职业怀疑研究

Research on Professional Skepticism in Auditing

毕华书 著

东北财经大学出版社
Dongbei University of Finance & Economics Press
大 连

图书在版编目（CIP）数据

审计职业怀疑研究 / 毕华书著. —大连：东北财经大学出版社，2018.7

（墨香会计学术文库）

ISBN 978-7-5654-3145-6

Ⅰ. 审…　Ⅱ. 毕…　Ⅲ. 审计学-研究　Ⅳ. F239.0

中国版本图书馆CIP数据核字（2018）第089234号

东北财经大学出版社出版

（大连市黑石礁尖山街217号　邮政编码　116025）

网　址：http://www.dufep.cn

读者信箱：dufep@dufe.edu.cn

大连图腾彩色印刷有限公司印刷　东北财经大学出版社发行

幅面尺寸：170mm×240mm　字数：146千字　印张：7.75　插页：1

2018年7月第1版　2018年7月第1次印刷

责任编辑：李　彬　章北蓓　责任校对：孙　平

封面设计：张智波　版式设计：钟福建

定价：32.00元

教学支持　售后服务　联系电话：（0411）84710309

如有印装质量问题，请联系营销部：（0411）84710711

前 言

职业怀疑是伴随着审计职业准则国际趋同的进程走进我国审计准则的，是一种“舶来品”。对于这一“舶来品”，我国的审计准则中并没有为审计人员提供太多具体的指引。与此同时，国内关于审计职业怀疑的理论研究也相当匮乏。与之形成鲜明对照的是，职业怀疑态度概念正在被监管机构、行业协会广泛使用。在判断上市公司年报审计质量时，缺乏职业怀疑被当成重要审计失败的证据；在判断审计人员的独立性以及是否履行了应有的职业关注时，职业怀疑也成为重要的标准之一。有鉴于此，研究审计职业怀疑问题不仅具有现实的紧迫性，也是完善审计理论体系必不可少的工作之一。

正是基于审计职业怀疑的理论价值和实践意义，本书对职业怀疑的内涵、职业怀疑的理论地位和作用、职业怀疑的作用机理、影响职业怀疑发挥作用的因素、如何在审计业务中保持恰当的职业怀疑等理论和实务问题进行了系统研究。

在研究过程中发现：

职业怀疑是审计人员在审计活动中保持的一种态度系统，职业怀疑的主体是审计人员（包括具体业务人员、项目经理、项目合伙人和会计师事务所），职业怀疑的客体是审计证据和财务报表认定，针对两种客体，职业怀疑的作用模式略有差异。

职业怀疑体现了审计人员的批判性思维，与此同时，职业怀疑具有明显的价值取向。职业怀疑的基本逻辑是基于服务公众的立场，宁可牺牲审计效率也不能殃及审计效果。职业怀疑的原则是对重点风险领域的有错推定假设，对表明可能存在重大错报风险的迹象疑错从有的解释倾向。

职业怀疑根植于审计本质，随着风险导向审计模式的兴起，审计人员对揭露舞弊责任的主动承担，推动了职业怀疑理论的发展。职业怀疑贯穿风险导向审计始终，体现在审计证据的收集和评价之中，职业怀疑也是判断审计人员是否履行应尽关注责任的重要标准。

职业怀疑是审计人员应对各种可能损害客观、公正职业判断的各种情形的有效措施；职业怀疑是审计人员凭证据说话，拒绝感性认识，拒绝草率结论所必需的态度。职业怀疑受到主观因素和情景因素的双重影响，是两者共同作用的结果。

依据“触发职业怀疑—排除职业怀疑—形成审计报告”这一路径，审计准则对在具体业务中审计人员如何保持职业怀疑提出了基本要求。按照审计责任归因的标准，作者分析了判断审计人员保持职业怀疑与否的可供参考的框架。

舞弊与违法是审计人员需要重点质疑的领域，审计人员只有知晓舞弊的动机、种类和手段，才能对各种舞弊迹象做出恰当的反应，才能有效地识别舞弊。舞弊的侦测恰似医生对病人的辨证，审计人员需要综合病因和病症，有效地利用各种可能表明舞弊的迹象。

在风险导向审计模式下，分析程序是识别重大错报风险并触发职业怀疑的重要手段，在审计的各阶段，分析程序都发挥着重要作用。与此同时，分析程序呈现结构化和综合化的趋势，更有利于形成合理的预期和职业怀疑。在利用分析程序的过程中，审计人员需要保持职业怀疑，对分析程序的局限性保持警惕。

本书通过对职业怀疑相关问题展开系统、全面的研究，尝试性地构建了职业怀疑理论体系。职业怀疑理论体系包括职业怀疑基础理论和职业怀疑应用理论。基础理论包括职业怀疑的内涵、理论地位和作用、作用机理；应用理论包括职业怀疑在审计过程中的作用机制以及实现模式。本研究的结论有助于有关的研究人员和实务工作者对职业怀疑进行全面的理解和把握。

本书从职业怀疑主体、职业怀疑客体、职业怀疑本质、职业怀疑逻辑和职业怀疑原则多个视角，对职业怀疑的内涵进行分析。通过分析，职业怀疑的内涵比以前有了更清晰的界定。

本书尝试性地构建了职业怀疑对不同客体的作用模型，该模型的建立将有助于审计实务人员在审计过程中保持恰当的职业怀疑，为理论研究者理解职业怀疑提供了新的视角。

本书基于认知心理学、信息传输等理论，对职业怀疑发挥作用的原理进行系统的分析和探究，得出的结论有助于相关人员理解职业怀疑的作用机理，提高审计人员保持恰当职业怀疑水平的能力。此外，基于舞弊迹象的诊断模型和职业怀疑的作用机制模型不仅丰富了职业怀疑的相关理论，也为审计人员保持职业怀疑提供了实践指导。

受限于本人的学识、时间和研究现状，本书的研究也存在着局限性。作者也期望未来在职业怀疑的作用机制、职业怀疑的培育机制、文化差异对职业怀疑的影响等诸多领域继续进行相关的研究。

作　者

2018年1月

目　录

1 导 论

1.1 问题的提出

2006年底发布的《鉴证业务基本准则》指出："职业怀疑态度是指注册会计师以质疑的思维方式评价所获取证据的有效性，并对相互矛盾的证据，以及引起对文件记录或责任方提供的信息的可靠性产生怀疑的证据保持警觉。"

这是中国注册会计师执业准则第一次提出职业怀疑概念。该准则还要求，审计人员要保持职业怀疑计划和实施审计工作。然而，审计中为什么需要职业怀疑，职业怀疑又是如何发挥作用的，准则中鲜有涉及。

职业怀疑最早出现在1977年的美国SAS No.16中。SAS No.16指出，独立审计师根据审计准则制订的检查工作计划，受到重大错误与违规发生可能性的影响。考虑到审计程序可能发现表明错误和违规行为发生的证据，审计师应该以职业怀疑态度计划和实施检查工作。之后，审计职业怀疑概念在美国的审计准则中逐渐发展和完善，并最终被国际审计准则引入。

职业怀疑是伴随着审计职业准则国际趋同的进程走进我国审计准则的，是一种"舶来品"。对于这一"舶来品"，我国的审计准则中并没有为审计人员提供太多具体的指引。与此同时，国内关于审计职业怀疑的理论研究也相当匮乏。

而与之形成鲜明对照的是，职业怀疑态度概念正在被监管机构、行业协会广泛使用。在判断上市公司年报审计质量时，缺乏职业怀疑被当成了重要审计失败的判词；在判断审计人员独立性以及是否履行了应有的职业关注时，职业怀疑也成了重要的标准之一。

有鉴于此，研究审计职业怀疑问题不仅具有现实的紧迫性，也是完善审计理论体系必不可少的工作之一。

从审计理论体系看，职业怀疑与风险导向审计相伴而生，在审计风险管理过程中至关重要，仍有许多谜题亟待深入研究。作为审计理论的一部分，职业怀疑应该但还没有得到其应有的关注。审计职业怀疑是风险导向审计模式下，贯穿审计过程始终的一个重要概念，对职业怀疑的正确理解和把握，将直接影响风险导向审计的具体实施。

理论是对审计规律的抽象，是人们对审计系统化的认识。无论把审计看成是解除委托代理关系的手段，还是作为降低信息风险的措施，审计一直以来都是以独立、客观、公正的形象出现在社会公众的面前，也因此得到了社会的认可。审计理论的发展扎根于经济社会的发展，并服务经济社会的进步，审计职业怀疑正是近些年来审计与经济社会交互作用而形成的重要的理论和实务问题。与之相匹配的独立性、应有的职业关注、职业道德、职业责任等作为审计理论中的重要组成部分都得到了广泛的关注和研究，而对职业怀疑的认识却相当有限。我们甚至不能对职业怀疑的含义、职业怀疑与其他重要审计理论概念的关系等基本问题作出明确的回答。理论的不完备必然导致理论对实践的解释缺乏根基，更不要奢谈什么对实践的指导作用。

从审计实务工作看，如何理解和把握职业怀疑已经是当前亟待解决的重要问题，是我国审计人员实施风险导向审计过程中必须面临的重要实务问题。对审计职业怀疑的深入研究，不仅有助于审计人员提高审计工作质量，有效规避审计风险；也有利于会计师事务所在人员招聘、培训以及业务管理中，制定切实可行而又行之有效的相关制度；更有利于我国资本市场监管当局和行业协会制定和实施科学合理的审计职业管理制度，引导审计职业健康有序发展，为我国资本市场的发展提供重要的信用支撑。

正是基于审计职业怀疑突出的理论价值和实践意义，再加上对这一问题的浓厚兴趣最终促使本人选择了该题目作为博士论文方向。希望通过本人的努力和导师的帮助，能够对这一问题进行深入的研究，并可以得出有价值的研究成果。

1.2 相关文献回顾

目前有关职业怀疑的研究，主要集中在三个方面：

（1）职业怀疑的重要性

国内外的众多学者和实务专家都指出保持职业怀疑是保证审计质量的重要举措。Beasley、Carcello & Hermanson（1999）指出，在美国SEC对审计人员的处罚案例中，60%都存在缺乏职业怀疑的问题；Peecher（1996），Brown、Peecher & Solomon（1999），Gramling（1999）以及Turner（2001）四个研究中，通过向被试传达合伙人的要求，诸如在审计中保持效率、客观、职业怀疑等，来操控审计人员的职业怀疑水平。在每一个实验中，不同的提示有效地影响了被试的行为。这些研究支持了重视职业怀疑的审计人员与仅以效率为导向的审计人员在行为上存在差异的观点。

Turner（2001）以应收账款可收回性评价为实验内容，研究了不同审计、复核人员偏好对审计证据收集行为的影响。复核人员强调时间效率时，审计人员倾向于收集与客户管理层解释相一致的证据；复核人员强调审计可证性（职业怀疑）时，审计人员收集更多证据，两者侧重点各有不同。进一步分析显示，复核人员无偏好时，审计人员一般假设其要求保持怀疑。

Mueller & Anderson （2002）研究了职业怀疑对审计人员行为预测的影响。Shelton、Whittington & Landsittel （2001）记录了当时五大所中的四大和两个二级联系所都建议其员工调整职业怀疑以回应增加的舞弊风险因素。Asare & McDaniel （1996）认为，审计人员对报告责任方的熟悉程度会影响职业怀疑水平。Anderson & Maletta （1999）认为，职业怀疑将导致更努力地调查确认。

McMillan & White （1993）把职业怀疑看作保守的偏见，并在他们的研究中发现：审计人员追加的证据搜寻是由职业怀疑决定的，与审计人员偏好的假设框架和极端信念无关。也就是说，他们的证据收集策略强调的是发现潜在的重大错报。研究者根据已有的文献和理论将审计人员对差异的解释范式分为环境框架和错报框架两种：环境指经济的变化，产业或企业所在地情况的变化，公司投资、营销和融资策略的变化等；错报指财务报告的有意无意错报。在两种框架下，审计人员采用不同的因素解释差异。因为倾向于错报框架的审计人员拥有较高的职业怀疑，证实性偏差可以在一定程度上解释这种现象。相反，偏好环境框架的审计人员，证实性偏差部分被职业怀疑效应抵消。

Payne & Ramsay（2005）等对审计计划阶段的舞弊风险评估和审计经验对审计人员职业怀疑的影响进行了检验，结果发现：总体而言，认为舞弊风险较低的被试表现出较低的职业怀疑水平，而认为舞弊风险中等偏上的被试表现出了较高的职业怀疑水平。一般审计人员相对资深审计人员表现出更高的职业怀疑水平。资深审计人员被试并没有对高舞弊评估风险表现出较高的职业怀疑水平。

詹俊（2005），刘明辉、毕华书（2007）等指出缺乏职业怀疑态度是导致审计缺陷或失败的一个原因；张龙平、王泽霞（2003）等在研究舞弊审计制度变迁时，强调了保持职业怀疑态度在舞弊审计中的重要性；张连起、丁勇（2004）等指出，为了消除财务报表的重大错报，审计人员应当假定财务报表整体是不可信的，从而引进职业怀疑态度，在审计过程中把质疑一一排除。

（2）职业怀疑的定义和度量

Kopp（2003）等的研究认为职业怀疑与审计人员对客户的信任水平有一种反向关系，并建议借用信任模型度量职业怀疑，认为审计中最优的信任水平可以在保证审计人员审计效率和效果的同时避免对信任破坏的不当反应，如直觉行为、认知惰性、对反面证据的忽视、自欺欺人等。审计中最优的信任水平应该是基于审视的信任。进一步说，保持职业怀疑的过程中，不能越过基于审视的信任这一界限。

Hurtt（2005）等认为，目前大家对职业怀疑的重要作用取得了共识，但是对职业怀疑的定义五花八门，这影响了职业怀疑的理论研究，也给实务工作者利用职业怀疑带来了困难。为了解决这一问题，他们在研究了大量的哲学理论、其他学科相关成果以及此前的会计研究文献的基础上，建立了审计人员职业怀疑性格与行为模型。在模型中指出职业怀疑表现出多重性格特征，主要包括：质疑的精神、悬搁判断、追求认知、人际的理解、自信和自我决断。前三个性格特征（质疑的精神、悬搁判断、追求认知）与证据的检查相关；人际的理解与评价证据的提供者有关；自信和自我决断实际上赋予了审计人员针对证据采取行动的能力。与此同时，他们认为这些性格特征将导致四种职业怀疑行为：加强信息搜索，强化矛盾侦测，增加备选方案，拓展人际关系信息审视。以此模型为基础，作者尝试着建立了职业怀疑的标准体系，并给出了一个包括30项的量表对审计人员的职业怀疑进行度量。审计人员的得分处于30~180分。但研究中，作者并没有指明到底多少分是一个合理的职业怀疑水平。

（3）职业怀疑的作用模型和影响因素

Shaub & Lawrence（1996）等引入信任和怀疑模型，构建了职业怀疑概念模型，模型中将职业怀疑定义成道德倾向、经验和情境因素三个变量的函数，并使用结构方程对三个因素与职业怀疑的关系进行了评价。结果发现支持情景伦理的审计人员对职业怀疑和职业道德关注不够，具有注册会计师资格的审计人员相对于其他同事缺乏职业怀疑，并指出应该引起审计人员重视的情况包括：关联方关系及交易、财务压力、与客户沟通存在问题等。

Carpenter、Durtschi & Gaynor（2002，2008，2009）研究了经验、法务会计培训、合伙人等对职业怀疑的影响。

Carpenter、Durtschi & Gaynor（2002）检验了经验在提高审计人员职业怀疑、知识获取和侦测舞弊能力方面的作用。研究表明典型的审计环境并不能为审计人员提供舞弊审计实务和反馈的经验，而这是成功侦测舞弊所必需的。研究的结果表明，接受了舞弊审计实务训练和反馈的审计新手相对于典型审计环境下成长的审计人员表现出了高水平的职业怀疑（赋予了一个错报更高的舞弊诱发概率，而不是错报诱发）。掌握舞弊的知识，也能更好地侦测舞弊。

Carpenter、Durtschi & Gaynor（2008）检验了进行法务会计培训对学生的怀疑和舞弊相关判断的影响。研究中，实验者跟踪一组参加法务会计课程的学生，并检查他们在不同时间点（课程的第一天、课程的最后一天、七个月之后）的舞弊判断。研究中将被试的判断与控制组的学生（完成了正常的审计课程，作为典型的审计人员）、舞弊专家小组的判断进行了比较。结果发现，面对未证实的账户金额，相较于受训前和未受训的学生，受训后学生表现出了显著较高的初始风险评估水平。这表明，专门的课程训练导致了较高的怀疑水平。研究也发现，一般情况下，受训后学生对舞弊风险因子的相关性评级一定程度上高于舞弊专家；然而，同样的情况，未受训学生的评级较舞弊专家低。而且，面对同样的舞弊风险因子，受训学生受训后较受训前表现出了更高的风险评估修订。最后，研究发现，课程完成7个月后，受训学生的绩效得以保持，表明专门针对舞弊的法务会计课程的效用具有持久性。

Carpenter & Reimers (2009) 研究了合伙人强调职业怀疑、舞弊出现对舞弊风险因子识别、舞弊风险评估以及审计程序选择方面的影响。实验结果表明当舞弊出现时审计人员舞弊风险评估值更高；当合伙人强调保持职业怀疑态度相对于不怎么强调时，审计人员舞弊风险评估值更高。

有趣的是，当舞弊出现时，只有在合伙人强调职业怀疑时，审计人员才根据风险评估结果选择适当的舞弊审计程序。在识别舞弊风险因子的过程中，情形相同。这些结果对于准则制定者和学术研究者都是有意义的，正如他们所强调的，审计合伙人应该为审计人员评估舞弊设定恰当的基调。

Quadackers、Groot & Wright (2007) 检验了审计人员怀疑倾向的四个影响因素的关系，并探究哪些因素与审计人员的怀疑行为最紧密相关。

尽管审计文献中强调职业怀疑的重要性，但关于职业怀疑倾向衡量以及其与职业怀疑行为的吻合程度缺少一致的实证证据。对影响职业怀疑行为的影响因素的见解将构成审计人员训练以及审计工具指南的基础，也可以作为后续研究的一个起点。

该研究比较的四个怀疑倾向决定因子是：人际信任；悬搁判断；控制环；全面的职业怀疑量表。而且，论文也对管理层控制理念对该关系的影响强度进行了研究，并对这些问题进行了实验研究，样本的376名审计人员来源于四大在荷兰的分所，包括从员工到合伙人不等。

结果显示，决定因子对怀疑行为的影响强度是不一样的。整体而言，人际信任在预测怀疑行为方面具有最强的解释力。

Plumlee、Rixom & Rosman (2011) 认为，准则暗示着职业怀疑可以被看作诊断性归因过程，并指出诊断性过程包括发散性思考和聚焦性思考两种认知技巧。发散性思考让审计人员为异常证据寻找解释；聚焦性思考让审计人员消除不适宜的解释。研究者准备了培养这些技巧的素材，并以四大事务所中的三个所的审计人员为被试检验了效果。研究发现，发散性思维训练增加了解释的生成数量和质量；同时接受发散性和聚焦性思维训练后选择正确解释的概率是只接受发散性思维训练时的四倍。

Nelson (2009) 建立了职业怀疑作用模型，研究了审计证据是如何同审计人员知识、特征及动机共同影响职业判断中的职业怀疑的。

通过对已有主要文献的回顾，可以发现：

(1) 对职业怀疑概念，目前学界理解上仍然存在差异，学者们更偏重于研究中概念的可操作性，相应地在衡量职业怀疑水平方面使用的方法也不一致。这的确使很多研究得以实现，但并不能让大家对职业怀疑概念有系统的认识和把握。这对研究职业怀疑、应用职业怀疑造成了一定程度的障碍。

（2）职业怀疑的重要性已被专家学者所关注，但职业怀疑在审计理论体系中的地位和作用还鲜有论及，更谈不上进行系统的研究。

（3）对职业怀疑发挥作用的机制和影响因素研究较多，取得了较丰富的研究成果，但这些研究多为国外的专家学者研究的成果，国内相关的研究还很有限。而文化差异和审计职业环境的差异，在一定程度上影响了国外研究成果的适用性，仍需要结合我国的实际进行深入系统的研究。

（4）关于在实务工作中如何把握职业怀疑，相关的研究并不多见，而这恰恰是目前审计人员急需解决的问题，是需要系统研究和梳理的。

1.3 本书的研究思路

1.3.1 研究目标与方法

1.3.1.1 研究目标

本研究的总体目标是系统研究职业怀疑基础理论，为审计人员在具体审计业务中保持和应用职业怀疑提供较系统的、可参考的理论支持。

本研究的具体目标包括：

（1）研究职业怀疑的内涵，厘清职业怀疑的概念；

（2）分析职业怀疑在审计理论和实务体系中的地位和作用，探究职业怀疑提出和发展的根本动因；

（3）研究职业怀疑的作用机理，洞悉职业怀疑在审计中发挥作用的原理和方式；

（4）探究影响职业怀疑发挥作用的各种影响因素，旨在提升监管机构、事务所和审计人员推动并保持职业怀疑的能力；

（5）研究职业怀疑在审计实务中的具体要求，旨在帮助审计人员把握恰当的职业怀疑水平；

（6）研究职业怀疑的实务要点，旨在帮助审计人员明确审计实务工作的要领，切实抓住职业怀疑要领。

1.3.1.2 研究方法

本研究采用了规范研究与实证研究相结合的研究方法。本研究在回顾国内外研究文献的基础上，归纳出关键的研究问题，然后运用哲学、心理学、法学、社会学、审计学等相关学科理论构建了职业怀疑基础理论。在研究中针对不同的研究问题，分别使用了系统分析、科学归纳、案例研究以及开放式访谈等多种研究方法。

1.3.2 论文结构与研究框架

本书主体共7章，研究框架如图1-1所示，各部分的内容概要如下：

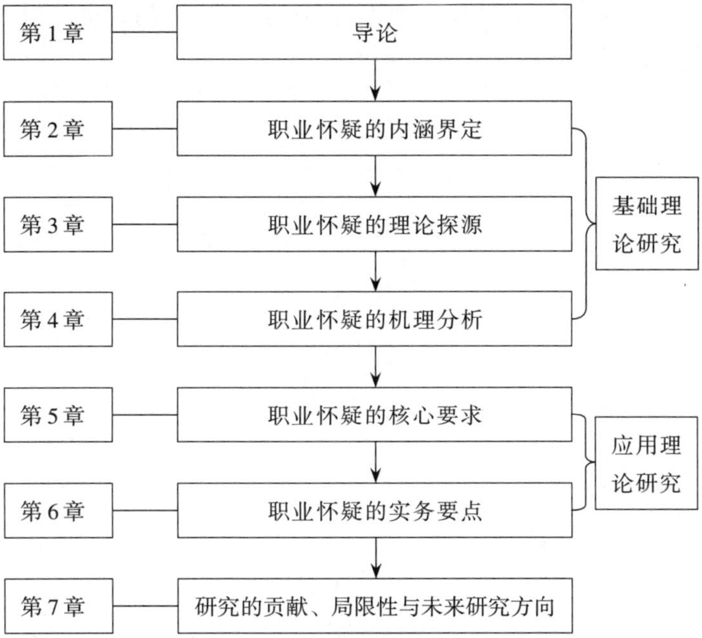

图1-1 研究结构

第1章主要介绍职业怀疑研究的动机、相关文献回顾、研究的总体目标和具体目标、采用的研究方法以及论文结构和研究框架。

第2章首先回顾了准则与已有学术文献中林林总总的职业怀疑定义，并剖析、界定职业怀疑的内涵。

第3章探究职业怀疑的导因及其在审计理论体系和实务体系中的重要地位。

第4章从分析审计职业判断的特征入手，基于心理学中的决策判断理论、态度理论研究职业怀疑发挥作用的机理和审计人员保持职业怀疑的基本逻辑，以及审计职业怀疑发挥作用过程中的各种影响因素。

第5章基于整个审计业务流程，系统分析了如何在计划审计工作、实施审计工作、完成审计报告中保持合理的职业怀疑。

第6章详细研究了如何在实务工作中有效触发和排除职业怀疑。本章指出舞弊与违法是需要合理质疑的重点领域；分析程序是识别可疑领域的有用技术；充分取证是排除职业怀疑的核心要求；利用专家工作是排除职业怀疑的补充措施。

第7章总结了研究的贡献，指出了研究的局限性以及本主题的未来研究方向。

本书的研究将紧紧围绕如何在审计中应用职业怀疑这一核心问题展开，与此同时，针对职业怀疑的定义、职业怀疑在审计中的重要性、职业怀疑的理论基础、职业怀疑在审计中的具体应用等诸多理论和实务问题进行深入的研究。

2 内涵界定：审计职业怀疑的应有之义

关于职业怀疑的内涵，学者多从便于研究衡量的角度进行操作性的定义。在不同的研究中，研究者关注的视角和强调的重点各不相同。相对于审计理论研究领域对职业怀疑定义的多样化，审计规范中对职业怀疑的定义较为一致。美国审计准则最早引入了职业怀疑概念并进行了定义。国际会计师联合会、加拿大会计师公会、我国的注册会计师协会等则亦步亦趋在审计职业规范中引入职业怀疑概念，而且职业怀疑概念在这些规范中的含义也趋于统一。与此同时，通过对科学研究、司法判决、医学诊断等领域的研究文献的回顾，也可以发现，在这些领域存在着与职业怀疑类似的概念，如怀疑的精神、合理怀疑、辨证等。

2.1　盲人摸象：理论界对审计职业怀疑的不同定义

理论界目前对职业怀疑的定义可谓五花八门，大家从不同的角度对职业怀疑进行了界定。代表性的主要有关系说、能力说、独立说等。

2.1.1　关系说

关系说认为职业怀疑如同信任一样是审计人员与客户之间的关系表征。

Shaub（1996）将职业怀疑看成是信任的对立面，指出职业怀疑要求审计人员小心权衡对客户的信任以及怀疑，其中对怀疑，采用了Deutsch（1962）的定义，即将怀疑定义为“一种行为上的选择，以阻止或降低另一个人行为的有害后果”。

Copeland（1996）指出，职业怀疑常常被侦探、审计人员、舞弊审核师以及其他调查者使用……老练的侦探总是让观众意识到“每一个人都不可信”。Copeland进一步指出，迄今为止，其认为职业怀疑最好的定义之一是联邦政府舞弊审计理论中的定义，即开放性的思维态度，假设相关方既不是完全诚实的，也不是完全不可信的。Copeland进一步强调，职业怀疑在他看来是一种分析性的思维状态，只接受能够被独立证实的情况。

Kopp、Lemon & Rennie（2003）认为，对客户的信任有助于审计工作的有效完成，对客户的信任与职业怀疑形成了一种不是很好平衡的关系。审计人员为了有效地执行审计，首先必须有一定程度的信任。这种信任在审计过程中会逐渐积累，可能年复一年地增加。然而，与此同时，审计人员必须总是准备好去不信任，这确实是一个充满挑战的动态过程。

Behn、Carcello、Hermanson & Hermanson（1997）的研究发现，审计人员的职业怀疑与被审计单位的满意度负相关。

可以说，这些定义从人际关系的角度给出了职业怀疑的一个方面。但人际关系并不是职业怀疑的唯一维度，职业怀疑还包括审计人员与客观证据等维度。职业怀疑要求我们对自我的思维过程进行反思，要求我们对证据进行批判性的评估。

2.1.2 能力说

Carcello & Neal（2000）、Choo & Tan（2000）认为职业怀疑是一种能力，是一种决策和行动的能力，如侦测舞弊的能力。

Choo & Tan（2000）的研究认为，针对职业怀疑的课程训练与职业怀疑态度共同作用，有助于提升审计学生侦测舞弊的能力。

Plumlee、Rixom & Rosman（2011）认为，职业怀疑可以被视为一个诊断推理的过程，包括识别不正常的项目和状况以及必需的结构化以找出潜在的原因。因此，职业怀疑包括发散性思维和聚焦性思维两种能力。创造性问题解决过程以问题识别开始，以解决方案结束。这个过程的早期阶段被称为问题构建和识别，这一阶段问题被识别，问题的参数被定义。如果问题是非结构化的，问题解决者必须结构化问题，并依靠自身的资源指引问题解决。这是创造性解决问题流程的一部分，研究者认为与职业怀疑类似。在审计业务过程中，审计人员必须识别不正常的项目或状况，这是一个类似于问题识别的阶段。然后，审计人员必须考虑异常的项目或状况是否需要额外考虑或者是否需要某种额外的证据，这个过程类似于问题构建。

这种观点强调了职业怀疑在注册会计师审计中的一个显著的作用，是典型的功能定义。但是由于他们把职业怀疑的功用锁定于侦测舞弊，结果使得这个定义过于狭隘。一方面，侦测舞弊的能力很多，职业怀疑与其他的能力有什么区别，定义中并没有说，这就必然造成了混淆概念的结果；另一方面，职业怀疑的功用就是侦测舞弊吗？很显然，注册会计师审计目标不仅仅局限于此，如我国目前的审计目标就是对财务报告的真实公允发表审计意见。难道职业怀疑与其他的审计目标无关吗？虽然我们对职业怀疑的认识尚浅，但是，不可否认的是职业怀疑具有开启认识之门的功效，具有形成正确职业判断的促进作用。因此，在注册会计师审计目标不拘泥于侦测舞弊的现实状况下，断然下结论，并不令人信服。

2.1.3 独立说

Kadous（2000）等将怀疑等同于独立性。Kadous 在研究审计质量以及后果的严重性对陪审团裁定审计人员对受害者损失应承担的责任问题时，采用职业怀疑作为陪审团评价应尽关注的三个主因素之一。对于职业怀疑，研究者采用的衡量方式包括：（1）审计人员应该完全独立于他们的客户，因此，他们不应在测试设计中考虑客户的期望；（2）审计人员应该完全客观并不受客户期望的影响；（3）审计人员是为被审计单位服务的，因此，审计人员不得不允许客户在报告的过程中拥有一定的自由度。

根据国际鉴证业务手册的定义，独立性是指：（1）实质上的独立——审计人员不受危及职业判断因素的影响，保持公正、客观的立场和职业怀疑发表意见的精神状态；（2）形式上的独立——避免理性、了解情况的第三方对事务所和鉴证业务人员的公正、客观和职业怀疑形成合理质疑的事实或情形发生。

根据独立性的定义我们可以看到，独立性的保持表现出职业怀疑，职业怀疑与客观、公正共同表征了独立性，三者是缺一不可的。然而职业怀疑与独立性显然又是两个截然不同的概念，把职业怀疑等同于独立性的观点就像是在说北京是中国一样。职业怀疑与独立性是既有区别又有联系的两个概念，两个概念相辅相成，但绝不是同一的。

2.1.4 保守的偏见

McMillan & White（1993）在研究审计人员信念修正与证据搜寻的过程中，认为职业怀疑意味着审计人员更关注错报相关的证据。研究者认为，审计人员对财务报表的公允性有两种立场或解释框架：财务报表是公允的，波动或异常是由环境变化引起的；财务报表存在重大错报、波动或异常是由错报引起的。偏好环境假设框架的审计人员，保持职业怀疑会倾向于寻找非证实性的证据，偏好错报假设框架的审计人员，保持职业怀疑倾向于收集证实性的证据。

Kida（1984）检验了在执行审计相关的任务时，审计师的初始证据搜寻是否表现出证实性的倾向。将职业怀疑定义为审计师更多地聚焦于错报相关的证据。他操纵了假设框架，并且发现在失败公司的小组中的审计师选择了更多与失败相关而不是与持续经营相关的证据，表明了证实性的行为。然而在持续经营的小组中，也更多地选择了与失败相关的证据，这表明了非证实性的行为。

Smith & Kida（1991）认为这种关注失败的倾向与审计的职业和法律环境一致，并将之称为“保守的”搜寻策略。根据当前的研究，保守性行为意味着审计师将倾向于采用偏向于揭露错报的搜寻策略。

2.1.5 性格说

Hurtt（2001，2005，2007，2008）认为职业怀疑是一种性格，是审计人员固有的性格。职业怀疑是审计人员个人固有的一面，类似于其他的个性特征，如好奇、认真和性格外向。Kathy解释说审计人员个人将他们天生和固有的怀疑带入到职业怀疑环境中，并将它聚焦于审计业务中出现的职业问题或事件。

具体来说，Kathy Hurtt（2001）认为职业怀疑性格包括六个方面：

质疑的精神：质疑的精神源于哲学怀疑论的相关思想。Stough （1969）指出“怀疑论者”源于一个具有“去仔细地观察、检验、考虑”意义的词汇。Fogelin （1994）定义了哲学意义上的怀疑论者，一个“对事物提出质疑的人”。Bunge （1991）对此表示同意，指出“对方法的怀疑是方法怀疑主义的核心”。McGinn （1989）支持这一观点，认为怀疑论者质疑一切，包括他们自己的判断。怀疑论者的质疑品质还得到了Kurtz （1992）的赞同，他写道“怀疑论者问，‘你是什么意思’，从而寻求概念的明确和定义；问‘为什么你认为你做的是对的’，以获得原因和证据”。像Missouri人的天性一样，他们说“展示给我看看”。职业怀疑的质疑和怀疑不仅仅是缺乏信念。Kurtz （1992，p. 66）指出，“……疑问开启了探求之门，并最终通向目的地——信念”。这样来看，表现出职业怀疑的审计人员的质疑精神应该开启审计调查之门，并最终对有疑问的问题作出判断。

悬搁判断：悬搁判断也是哲学中怀疑论者质询的必需品质（Hallie，1985；Kurtz ，1992）。McGinn （1989）指出：“在创造、接受声称的知识过程中，怀疑论者和我们常人不同，表现出一种反思的态度。”Bunge （1991）指出：“怀疑论者不会自然地接受他们首次看到想到的事情……他们是挑剔的；在他们相信之前要看到证据。” Naess （1969）甚至更明了地写道：“成为真正的怀疑论者的心理过程是逐渐发展的……一种悬搁判断的状态……悬搁判断是怀疑论者面对教条论断时的一种基本的反应。怀疑的程度如何？什么时候怀疑？怎样怀疑？这些与悬搁判断相伴的问题仍需要继续探讨。”怀疑论者并不是不愿意作出判断，只是不会草率下结论，他们需要进一步的探讨和额外的支持性证据来完成判断。

寻求认知：Mautz & Sharaf （1961）指出审计需要好奇心的推动，呼吁审计人员在执业过程中保持一种好奇的心态。Hurtt认为，这种好奇心就是职业怀疑的寻求认知品质，如Johnson （1978）所说的怀疑论者为了知识而认知，Bunge（1991）的怀疑论者鼓励寻求认知。Popkin & Stroll （2002）认为“怀疑论者期望透彻审视，深入地追问在我们看来是显而易见的情形”。 Naess （1969）赞同这种看法，指出：“真正的怀疑论者是一个探究者。他们时刻准备着对任何问题的论点进行调查、评价……怀疑论者的一个重要的特征就是开放性的思维。”这里的寻求认知不同于质疑精神的性格品质，因为质疑精神具有某种不信任感和怀疑的因素。寻求认知更接近于好奇和感兴趣。怀疑论者总的来说对知识感兴趣，并不必然总是有目的地得出结论或者获得具体的知识。Hurtt认为，Mautz & Sharaf描述的“好奇心”与Johnson（1978）等所说的“寻求认知”表达的是一个意思。

人际理解：前面的三个性格特征与审计人员怎样评估审计证据有关。证据评估另一个重要方面是有关证据提供者的动机和正直与否的问题。SAS No. 82和SAS No. 99都意识到了客户的雇员可能提供误导审计人员的证据，因此建议对这样的证据进行佐证。有关怀疑的代表性文献（Burnyeat，1983；Hallie，1985；Hookway，1990；Johnson，1978；Kurtz，1992；McGinn，1989；Popkin，1979）都表明理解人的动机和行为是怀疑的基本要求。哲学家指出，只有透过理解他人，怀疑论者才能意识到和接受不同的人对同一事物不一样的看法。个人的观念和动机可能诱使人们提供不准确的、带有偏见甚至是误导别人的信息。除非怀疑论者对人性的把握很透彻，否则就很难发现信息中可能存在的偏见，同样也很难发现什么情况下信息的提供者意图误导我们。一旦明白了个人的信念或动机，怀疑论者就可以挑战和纠正错误想法。

自信：除了评估证据及其提供者以外，自信和果敢对于怀疑同样很重要。这两个因素其实就是Mautz和Sharaf（1961）所说的职业勇气。

正如哲学家所言，怀疑不是为心灵脆弱的人准备的。Hookway（1990）发现成功的质询需要自信，Lom（2001）从内心平静和不受煎熬的角度讨论了这一必需的性格品质。有趣的是，市场营销学对怀疑的研究发现，自尊与广告的怀疑成正相关（Boush，Friestad & Rose，1994）。自信的审计人员才能挑战他人的观念和结论。这需要面对面的互动和怀疑论者明确寻求并确认解释（非证据提供人提供）的意愿。怀疑需要一定程度的自信和自尊，这是怀疑者应对他们遇到的疑问所必需的。只有拥有一定程度的自信，怀疑者才能把自己的理解看得和别人的一样重要（Linn，deBenedictis & Delucchi，1982）。

自我决断：除了需要自信来处理证据，职业怀疑还需要决断能力。例如审计准则要求证据收集充分，审计人员必须自己决定到底多少证据才能让自己满意。McGinn（1989）认为怀疑论者是不轻易接受他人观点的人。怀疑论者要找出证据和别人观点中的矛盾和谬误（Popkin，1979），要进一步调查并获得更多的证据直到自己满意为止（Bunge，1991）。因此，对自己决断的渴求是怀疑的另一个方面。

这六个重要的构成怀疑品质的性格特征是从已有的文献中挖掘出来的，这为理解怀疑论者奠定了坚实的基础。这一观点与其他的观点相比更强调管理层和审计师之间的利益冲突，假设职业怀疑主要源于审计师对审计环境的因应不同。在Hurtt的研究中，调查了当将职业怀疑看成是人的特征时是否比仅仅看成是对环境的反应时更能够将职业怀疑和审计师的行为明确联系起来，结果得到了证实。

尽管Hurtt的研究支持了其假设，但很难解释为什么四大并没有倾向于聘请具有如此性格特征的应聘者，也无法解释审计人员的经验对审计行为的影响，更无法解释审计人员在审计中普遍保持职业怀疑的发现。

已有的观点从不同的视角对职业怀疑进行了解说，虽然各有其合理成分，但整体而言，对职业怀疑的定义更多地服务于审计实证研究的需要，更多地关注职业怀疑衡量的可操作性，而对于职业怀疑完整、准确的界定，仍需要在此基础上借鉴其他学科理论进一步探究。

2.2 亦步亦趋：各国审计准则关于职业怀疑的界定

职业怀疑得到审计实务界和理论界的关注与重视是在其出现在审计准则中以后。目前来看，虽然各国家和地区审计规范中都有关于职业怀疑的规定和表述，但就其演进的路径而言，美国审计规范中职业怀疑的演进更具有代表性。

2.2.1 美国审计规范中的职业怀疑

美国的审计准则对职业怀疑的关注较早，1977年中第一次提到了职业怀疑，但并没有对这个概念进行任何解释。SAS No.16指出，独立审计师根据审计准则制订的检查工作计划，受到重大错误与违规发生可能性的影响。审计师应该以职业怀疑态度计划和实施检查工作，认识到审计程序可能发现表明错误和违规行为发生的证据。

在1989年1月发布的SAS No.53中，实际上已经要求审计人员应该保持适当的职业怀疑水平从而为财务报告中不存在重大的错报和舞弊提供合理保证，并要求审计人员应该在审计的过程中始终保持职业怀疑。虽然该公告没有对职业怀疑进行直接的界定，却给出了一个描述性的定义：“在审计中，审计人员既不能假定管理层是不诚实的，也不能假定管理层的诚信是毫无问题的。而且，审计人员应该对观察到的情况、获取的信息（包括从前任审计师获取的信息）进行客观的评价，以决定财务报告是否不存在重大错报。”（AICPA，1989）

职业怀疑的定义在1997年生效的SAS No.82中得到了进一步的明确。公告指出，应有的职业关注需要审计人员保持职业怀疑——这是一种态度，包括了质疑的精神（mind）和对审计证据的批判性评估。为阐述如何针对审计人员评估的重大错报风险应用职业怀疑，该公告给出了两个示例：在选择支持重要交易的记录进行测试时，对其性质和范围保持较高的敏感性；具有较强的佐证管理层解释和声明的动机。在SAS No.82生效的同时，AICPA修订了SAS No.1，其中强调，忽视职业怀疑的审计过程实际上没有尽到应有的职业关注。(AICPA，1997)

2002年10月发布的SAS No.99给出与SAS No.82相同的职业怀疑定义。但与此前不同的是，在新的公告中指出，由于舞弊的特性，审计人员在考虑舞弊导致的重大错报风险时，保持职业怀疑至关重要；并要求审计人员在执业过程中要保持一种相信报告中可能存在舞弊导致重大错报风险的态度，应该摒弃以前的审计经历以及业已形成的对管理层诚信正直的看法，对待可能的舞弊错报；职业怀疑需要持续关注表明舞弊错报发生的任何线索。在保持职业怀疑的过程中，审计人员不应该因为相信管理层的诚信，对低于说服性的证据水平满意。与此同时，该公告强调，审计小组讨论时也要保持职业怀疑（AICPA，2002）。职业怀疑在美国审计规范中的演进轨迹如表2-1所示。

表2-1 **职业怀疑在美国审计规范中的演进**

职业怀疑的演进	关于揭露舞弊的要求	审计规范名称	审计规范发布时间
未出现	(1) 揭露舞弊不是注册会计师的审计目标；(2) 不能依赖常规的财务报表审计来确保揭露舞弊行为	SAS No.1——审计准则和程序汇编	1972年
第一次出现在规范中	含糊其辞，要求计划审计工作以发现对财务报表有重大影响的错误和舞弊，并没有提供审计舞弊的详细指南	SAS No.16——独立审计人员检查错报与不法行为的责任	1977年
对职业怀疑进行枚举式定义，单独设置“职业怀疑”小节	审计人员应保持应尽关注计划、实施和评价审计程序结果；应保持职业怀疑以合理保证侦测出错报和不法行为	SAS No.53——审计人员检查与报告错报及不法行为的责任	1988年
对职业怀疑进行规范定义，采用“属概念+种差”模式；强调应尽职业关注要求审计人员保持职业怀疑，修订SAS No.1“应尽关注”节，将“职业怀疑”小节内容移至“职业过程中应尽的职业关注”节	审计人员要计划和实施审计以合理保证财务报告不存在由于错误或舞弊导致的重大错报	SAS No.82——财务报告审计中对舞弊的考虑 SAS No.1（修订）	1997年
单独设小节“保持职业怀疑的重要性”，指出因为舞弊的特性，保持职业怀疑至关重要，强调工作小组讨论过程中保持职业怀疑	审计人员要计划和实施审计以合理保证财务报告不存在由于错误或舞弊导致的重大错报	SAS No.99——财务报告审计中对舞弊的考虑	2002年

2.2.2 加拿大审计准则

在2003年CICA的手册中要求审计人员“计划和实施审计时，保持职业怀疑态度，以识别可能存在的导致财务报表存在重大错报的情形”（CICA，2003）。手册指出，职业怀疑态度“意味着以一种质疑的思维对获取的审计证据的充分性和适当性进行批判性评价，并对相互矛盾或者引起对其他证据或管理层声明产生怀疑的证据保持警惕。这并不意味着审计人员对什么都不相信，对什么都疑心重重”（CICA，2003）。

手册中还建议审计人员在信任和不信任之间寻求一种平衡，既不假设管理层是不诚信的，也不假设是完全老实的。然而，不像美国和国际审计准则，加拿大的准则包含了管理层的初衷是好的这样的理念。审计人员一般要基于这样的假设设计审计程序，并且没有相反的证据，审计人员可以接受（管理层）声明为真，认为会计记录和文件是真品（CICA，2003）。

2.2.3 国际鉴证业务准则委员会（IAASB）

在2005年手册中，IAASB全面引入了职业怀疑概念，这些概念体现在了2004年修订、2005年生效的鉴证业务框架、IAS200、IAS220、IAS240等诸多准则中以及质量控制准则中。

职业会计师道德守则（2004）引入职业怀疑概念表征独立性，认为独立性包括实质上的独立和形式上的独立：（1）实质上的独立是指审计人员不受危及职业判断因素影响，保持公正、客观的立场和职业怀疑发表意见的精神状态；（2）形式上的独立是指避免理性、了解情况的第三方对事务所，鉴证业务人员的公正、客观和职业怀疑形成合理质疑的事实或情形发生。

国际鉴证业务准则委员会（2005）将职业怀疑定义为：包含质疑思维和对证据批判性评估的态度。国际鉴证业务框架（2005）首次强调，执业者在计划和实施鉴证业务时要保持职业怀疑态度，以获取鉴证对象信息不存在重大错报的充分适当的证据。

IAS240指出“执业者保持职业怀疑态度计划和实施鉴证业务，要意识到可能存在导致鉴证对象信息存在重大错报的状况”。职业怀疑态度意味着，执业者以一种质疑的思维，对获取证据的有效性进行批判性评价；对相互矛盾的证据或者可能对可靠性形成疑问的证据保持警惕。例如，保持职业怀疑态度有助于减少执业者忽略可疑的状况、在形成结论时过度推理以及在决定证据收集和评价证据时使用了错误的假设等风险。

2012年2月28日，在IAASB发布的“财务报表审计中的职业怀疑”问题与释疑中，进一步明确指出“像其他基本的审计概念一样，仅通过一个定义很难抓住职业怀疑的要义。而且，也没有一种单一的方法可以明确地表述职业怀疑。然而，国际审计准则的定义描述了有助于理解职业怀疑含义的重要元素”。

作为一种态度，从根本上说职业怀疑是一种思维方式。怀疑的思维模式驱使着审计人员在考虑信息和形成结论时采用一种质疑的行为方式。在这一点上，职业怀疑与客观性、审计人员独立性这一基本的道德原则紧密联系，不可分离。审计人员的独立性增强了审计人员公正执业、客观并保持职业怀疑的能力。

职业怀疑也包括对诸如与其他已获取证据相矛盾的证据，或者对文件可靠性或用作证据的询问答复带来疑问的信息保持警惕。而且，它包括对可能表明存在舞弊的状况以及暗示有必要实施审计准则要求外程序的情形保持警惕。职业怀疑还包括对审计证据（支持或者佐证管理层认定的信息，以及任何与认定相矛盾的信息）的批判性评估。

保持职业怀疑就此而言意味着在具体审计环境下，要质疑和考虑获取的审计证据的充分性和适当性，例如，当发现舞弊因子，并且单一文件（易于舞弊）是重要财务报告金额的唯一证据时的情境。如果对信息的可靠性表示怀疑，或者表明可能存在舞弊，ISA 要求审计人员进一步调查，以决定修改或增加必要的审计程序解除疑虑。困难、时间和成本自身并不能作为审计人员省略无可替代审计程序或者对低于说服性的证据满意的理由。

尽管审计人员不能被期望完全不受与管理层和治理层交往经历的影响，但是因此形成的对他们的诚实性和正直性的见解不能使审计人员降低职业怀疑水平，或者对获取合理保证过程中低于说服性的证据满意。

与此同时，IAASB 指出：“在整个审计过程中保持职业怀疑是必要的，如果注册会计师要降低以下风险：忽视了异常的情况；在根据审计观察得出结论的过程中进行了过度推断；在决定审计程序的性质、时间和范围，并据此评价结果的过程中使用了不恰当的假设等。”

2.2.4 中　国

整体而言，我国的鉴证业务准则（2006）借鉴了国际准则，首次引入了“职业怀疑态度”一词，并认为，职业怀疑是指注册会计师执行审计业务的一种态度，包括采取质疑的思维方式，对可能表明由于错误或舞弊导致错报的迹象保持警觉，以及对审计证据进行审慎评价。

职业怀疑并不要求注册会计师假设管理层是不诚信的，但是注册会计师也不能假设管理层的诚信就毫无疑问。职业怀疑态度要求注册会计师凭证据“说话”。

职业怀疑意味着，在进行询问和实施其他审计程序时，注册会计师不能因轻信管理层和治理层的诚信而满足于说服力不够的审计证据。相应地，为得出审计结论，注册会计师不应使用管理层声明替代应当获取的充分、适当的审计证据。

例如，注册会计师不能仅凭管理层声明，而不对重要的应收账款进行函证就得出应收账款余额存在的结论。职业怀疑态度是指注册会计师以质疑的思维方式评价所获取证据的有效性，并对相互矛盾的证据，以及引起对文件记录或责任方提供的信息的可靠性产生怀疑的证据保持警觉。

准则指南对这一定义作了进一步的解释，认为职业怀疑态度代表的是注册会计师执业时的一种精神状态，它有助于降低注册会计师在执业过程中可能遇到的风险；职业怀疑态度并不要求注册会计师假设责任方是不诚信的，但是注册会计师也不能假设责任方的诚信就毫无疑问。职业怀疑态度要求注册会计师凭证据“说话”。

我国台湾地区1995年的审计准则公报中，对职业怀疑只是在《舞弊与错误》公报中提到：“……因此，除受托专案查核外，查核工作之规划及执行，非专为发现舞弊和错误而设计。但仍应保持专业上之警觉，以期于查核时得能发现因舞弊或错误可能导致财务咨询重大不实表达之情势。”除此之外，没有对其进行专门的阐述。在其1995年发布的43号公报中，对职业怀疑进行了与美国类似的界定，采用的是“专业之怀疑”。目前台湾地区的审计准则基本上与国际审计准则趋同，对职业怀疑的表述也不存在实质性的差异。

2.2.5 对准则观点的评述

通过以上对国家审计准则对职业怀疑界定的回顾中我们可以得到以下几点启示：

（1）美国对职业怀疑的强调和要求走在最前面。1977年已经引入这一概念，虽然当时界定得很模糊，但已经认识到职业怀疑在审计中的重要性，并为以后不断完善和应用这一概念提供了指引。21世纪初连续不断的审计失败案件发生后，为了提升职业形象，美国注册会计师协会、加拿大会计公会、国际会计师协会等先后修订了审计准则，亦步亦趋地在准则中引入了职业怀疑概念，我国在2006年修订审计准则时引入了相关概念。

（2）审计中的职业怀疑概念从无到有，是审计职业界应对错报与舞弊过程中逐渐认识和发展起来的。可以说舞弊是审计中职业怀疑概念得以形成并日益受到重视的重要驱动因素。

（3）与理论研究不同，各准则中给出的职业怀疑概念更侧重于操作性，这样定义可能是出于方便实务工作开展的目的，但迟迟未能给出有关职业怀疑理论基础以及使之得到有效执行的措施，结果反而使得实务界更迷茫。

（4）从各国颁布的最新执业准则中，我们可以发现，有关职业怀疑的定义日渐明确，对保持职业怀疑的必要性也逐渐达成共识，但职业怀疑的有关理论基础仍旧没有提及。

2.3 他山之石：相关学科关于职业怀疑的论述

职业怀疑作为一个概念虽然首先出现在了审计执业准则中，但这一概念的原型却早些时候就出现在其他诸多领域。这些领域包括科学研究、司法、新闻调查、医学诊断等。不同的是，它们称谓各异，内涵和外延也存在着一定的差异。

2.3.1 科学研究中的怀疑精神

在科学研究中，并不存在职业怀疑这个词，但对怀疑的理解又有着与职业怀疑相近的地方，这可以从有关科学精神和批判性思维的文献中窥见一斑。就这一点来说，科学研究中对怀疑的理解具有研究的借鉴意义。

马来平（2001）等认为科学精神的核心是“求真”，科学精神的内容要点包括普遍怀疑的态度、彻底客观主义的立场等，普遍怀疑的态度是一种不盲从、不轻信、坚持审查对象理论根据和事实根据的态度。杜继文（2005）等认为在科学研究中，怀疑的精神与批判的精神相同，总是与探索和发现发明并行——包括不受“权威”和既有的知识系统限制，敢于对传统和习惯，对现成的观念、规律、公式、公理等提出挑战，为新的更接近客观真理的认识开道……不过科学的怀疑不导向怀疑主义。“怀疑，是人们对某种事物或信念不很相信而产生的疑惑和猜测。它原是一种心理状态，而不是一种哲学范畴。作为哲学概念，则是指一切皆须从怀疑开始的研究途径和方法。”

“由此可见，源于批判性思维的质疑是建立在知识、经验、伦理、美学等基础之上的，对事物、现象、问题等的评价和判断。因此，质疑——并且必须是客观公正的质疑，不是批判性思维的核心，仅仅是批判性思维过程的开始。”

“……但证据法的根本精神是科学的怀疑精神。所谓科学的怀疑精神，即一方面强调怀疑批判，反对教条主义，对各式各样的说教都首先持怀疑态度，要求知道这些说教的依据所在，是否的确成立；另一方面重视实证和理性，即对各种主张用严密的逻辑进行分析，要求有确凿的证据，越是不寻常的主张，越要有不寻常的证据。既不盲目地相信，也不盲目地怀疑，而是建立在实证和理性的基础上，这才是科学的怀疑精神的真谛。”“经得起‘怀疑’这个程序证伪的东西才是靠得住的东西——所谓真金不怕火炼，‘怀疑’就是炼金的火。”

透过这些论述，我们可以发现，科学的怀疑精神具有发现的推动作用，也许这种作用正是在审计中要引入职业怀疑的原因之一。

科学研究中证伪主义对于理解职业怀疑也具有启发作用。证伪主义认为，科学是无法证实的，只能证伪。比如，要证明“世界上的天鹅都是白色的”是无法实现的，因为世界上的天鹅如此之多，分布时刻在发生变化，所以我们无法找出所有的天鹅，并通过观察其是否为白色来确定命题的真伪。但这一命题却可以证伪，即只要找到一只天鹅的颜色不是白色的，那么这一命题就得到了证明。

与这些倡导怀疑精神的文献对立，也有专家和研究人士持相反的观点。他们认为："这一印象是错的，任何一项科学研究都是信任的实践（Pinch，1986；Shapin，1994）。当测试新的假设时，研究实际上信任他们使用的业已形成的大多数方法、发现和概念。例如统计理论和方法作为一种计量工具，通常是被'信以为真'的，而不是要亲自去证实。任何一项研究中，信任与怀疑的比例很可能是99%的信任（trust），1%的怀疑（skepticism），而不是相反。即使在一个投入一生的研究项目中，科学家相信的还是要比怀疑的多得多。从我们已知的科学的心理学来看，完全的怀疑对一个科学家而言几乎是不可能的（Gholson et al.，1989；Shadish & Fuller，1994）。最后，怀疑甚至不能看作过去科学革命的准确特征；Shpin（1994）认为，17世纪英国'绅士地信任'在实验科学确立的过程中举足轻重。尽管论调是怀疑，但科学王国弥漫着信任。"

2.3.2 法学中的排除合理怀疑

排除合理怀疑是英美法系刑事证明标准的经典性表述。排除合理怀疑是如何产生的一直是一个争论不休的问题。在西方国家，有关排除合理怀疑的产生目前有多达四种观点。最有影响的一种观点是认为其产生于1793年的美国。当时，新泽西州一所法院规定法官在审判时必须向陪审团指示："如果你对被告人是否有罪存在合理怀疑，那么你们就应当对其作出无罪判决。"对于什么是合理怀疑，法官进行了解释：合理怀疑不是一种任意（wantonly raised）怀疑，而是建立在对证言进行慎重考虑基础上的怀疑。

然而无论是对"合理怀疑"还是"排除合理怀疑"的界定，理论和实务界仍无法达成一致，甚至在是否应该界定这一概念问题上都存在分歧。虽然对于排除合理怀疑含义的界定存在广泛的争议，但西方各国都强调必须遵守两条基本界限：一是上限。排除合理怀疑不要求达到绝对确定的程度，不要求百分之百确定无疑。他们认为，诉讼认识是一种历史认识，是对已经发生且无法再现的案件事实的认识，是不可能达到绝对确定的程度的。他们甚至认为，在这个世界上很少有事物是绝对确定的，因而在刑事案件中，法律不要求排除所有可能的怀疑。美国联邦最高法院于1887年指出："在精确的科学和实际的观察领域之外，是没有绝对确定可言的。"正因为如此，对排除合理怀疑不能解释过高，不能要求排除所有怀疑，而只需将"合理的"怀疑予以排除即可。二是下限。排除合理怀疑要求对刑事案件的证明必须达到诉讼认识所能达到的最高程度。刑事诉讼直接涉及对公民的自由甚至生命等最根本性权利进行限制或剥夺，为了防止错误地将无罪的公民认定为有罪，必须要求刑事诉讼坚持很高的证明标准。

排除合理怀疑的标准，存在模糊性，但它要阐述的逻辑和核心原则是十分清楚的。这一标准的逻辑是，如果陪审团存在合理怀疑而无法排除，那么就不能对嫌疑人定罪。它的核心原则是，认为冤枉一个没有犯罪的人比放过一个有罪的人是更大的恶。这对我们研究审计中的职业怀疑是一个启示。

2.4 内涵界定：揭开审计职业怀疑的神秘面纱

通过回顾审计准则和相关文献中职业怀疑以及与怀疑相关的概念，我们对职业怀疑的概念的来源和内涵有了一定的了解。各学科对职业怀疑相关概念的描述，也让笔者对职业怀疑的哲学源头和可比概念有了清晰的把握。

有关学术研究对职业怀疑概念操作化的定义，使得人们可以从不同视角对职业怀疑进行衡量。与所有实证研究中遇到的难题一样，把一个内涵丰富的概念进行便于衡量的可操作、简单化的处理，对于准确把握职业怀疑概念往往是南辕北辙的。但无可否认，这些操作化的定义让我们从不同视角更深入地理解了这一概念。

关系说、独立说触及了审计人员与被审计单位的关系问题，很显然这是保持职业怀疑时，审计人员首先需要明确的立场问题；能力说，解析了职业怀疑与揭露舞弊和错报审计目标的紧密关系，这与审计规范中一直强调的职业怀疑的指向和作用基本吻合；性格说，从审计人员自身特点的视角，关注的焦点是职业怀疑发挥作用过程中，人的因素是如何发挥作用的，将职业怀疑主体形象化，把审计职业群体的性格具体化。

已有的观点从不同的视角对职业怀疑进行了解说，虽然各有其特点，但对职业怀疑的定义都难免以偏概全。可见，通过一个定义、一个词来准确反映职业怀疑的内涵，存在着较大的风险。但综合准则、研究文献和其他学科关于职业怀疑的表述和定义，对职业怀疑进行恰当的描述仍然是值得探索的。

2.4.1 职业怀疑态度系统

笔者认为，职业怀疑是一种职业的态度系统，是全体审计人员在审计业务的具体环境中表现出来的态度系统，这一态度系统服务于审计目标，体现了审计职业服务于公众利益的立场。

首先，作为一种态度系统，职业怀疑具有把个体判断和思考导向一定方向的先有观念和先有倾向的作用。更确切地说，职业怀疑是指审计人员持有的较为一贯和稳定的评价和行为倾向。职业怀疑是审计人员在具体的审计活动中逐渐形成的心理反应倾向；职业怀疑是一种综合的心理反应倾向，是在其他心理过程的基础上综合而成的，包括认知、情感、意向三种心理过程。

作为一种态度，职业怀疑态度的认知、情感和意向共同表征了这一贯的倾向。职业怀疑的一贯的心理反应倾向表现为对审计证据、结论等的暂不信任和悬搁判断。

职业怀疑作为一个态度系统，具有如图2-1所示的结构。

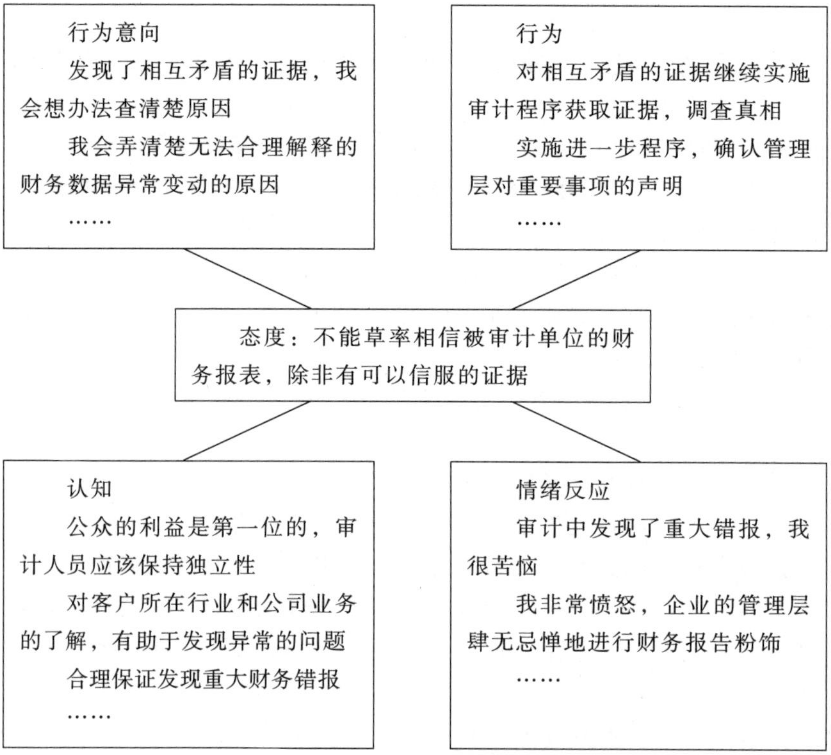

图2-1　职业怀疑态度系统

如图所示，职业怀疑的各个部分不是独立的，恰恰相反，它们是高度相关的。认知和态度与我们对某一事物的心理表征密切相关，在职业怀疑态度系统中，具体表现为审计人员对商业逻辑、被审计单位经营情况、审计社会功能等诸多问题的心理感知。对商业逻辑的熟悉，对被审计单位经营情况的熟悉，使得审计人员具有了形成合理审计预期的能力；对审计社会功能的认识，使得审计人员能够保持职业的独立，能够避免利益对公正和客观立场的影响。情感反应和外在行为可以因为舞弊或错报线索的出现而产生，具体表现为审计人员对管理层认定的质疑，对舞弊行为的排斥，并针对发现的线索进行审计行动上的应对，扩大审计范围，实施进一步审计程序等。

2.4.2　职业怀疑的主体

作为一种态度系统，职业怀疑需要明确的主体，究竟是谁怀疑？笼统地说，职业怀疑的主体是审计人员这一职业人士。

作为职业人士，审计人员是“富于为公众服务精神的，并把一门有学问的艺术当作共同的天职追求的一群人”。审计人员不是普罗大众：一方面审计人员必须具有服务于公众利益的职业追求；另一方面，审计人员必须具有服务于大众所必需的专业胜任能力。

这两方面恰是审计人员保持职业怀疑的前提条件。崇高的职业追求使得审计人员能够抵抗个人利益的诱惑，保持客观的立场，在执业过程中批判性地处理审计证据和结论。专业胜任能力，使得审计人员的怀疑与常人的怀疑不同，具有专业性，体现了审计人员作为一个职业群体所共同具有的会计、商业等方面的专业素养。

由于审计工作的层次性，在具体审计业务中，职业怀疑的主体包含了四个层次：具体实施审计程序的审计人员、项目经理、项目合伙人以及会计师事务所。

在具体业务的执行过程中，实施审计程序的审计人员是职业怀疑的主体，审计人员需要对各种可疑的迹象保持警惕，对相互矛盾的证据保持警惕。

在具体的项目执行过程中，项目经理是职业怀疑的主体。项目经理对整个项目的职业怀疑态度直接影响到对整个项目的审计程序和审计策略。项目经理表现出对审计项目的疑虑，会通过项目组的讨论和沟通、项目实施计划的制订反映到具体审计工作中。

项目合伙人也是职业怀疑的主体。项目合伙人对审计业务的总体质量负责，因此需要在审计业务的所有阶段通过行动示范和相关信息的传达，向项目组强调质量至上和保持职业怀疑的重要性。项目合伙人传达了重视职业怀疑的态度，项目经理和业务执行者就会采取与项目合伙人一致的行动方式。

事务所是职业怀疑的组织主体。事务所通过建立强调审计质量的组织文化，建立完善的质量控制制度，加强对员工业务能力和价值观的培训，向社会传达了职业怀疑的态度。事务所通过这些制度和行为影响项目合伙人、项目经理和每一个审计人员，从而为审计人员保持职业怀疑提供内心一致的认知。

2.4.3 职业怀疑的对象

职业怀疑作为一种态度，是具有指向性的，指向的目标即职业怀疑的客体或者可以通俗地称为职业怀疑的对象。

审计职业怀疑的对象包括管理层提供的财务报表认定、审计证据、审计证据来源、支持财务报表认定的论证逻辑。对财务报表认定的怀疑，表明了审计人员对财务报表认定的疑虑，表明财务报表可能存在重大错报风险。对审计证据和审计证据来源的怀疑，表明审计人员对审计证据的胜任能力和可靠性心存疑虑，担心这些证据不足以支持对财务报表的认定。对认定逻辑的怀疑，表明虽然审计证据是可靠的，但论证的逻辑链条存在缺陷，可能导致财务报表的认定存在致命的缺陷。对财务报表认定的怀疑可以分解成对审计证据及其来源的怀疑和对认定论证逻辑的怀疑。

针对不同对象，职业怀疑发挥作用的模式如图2-2、图2-3所示。

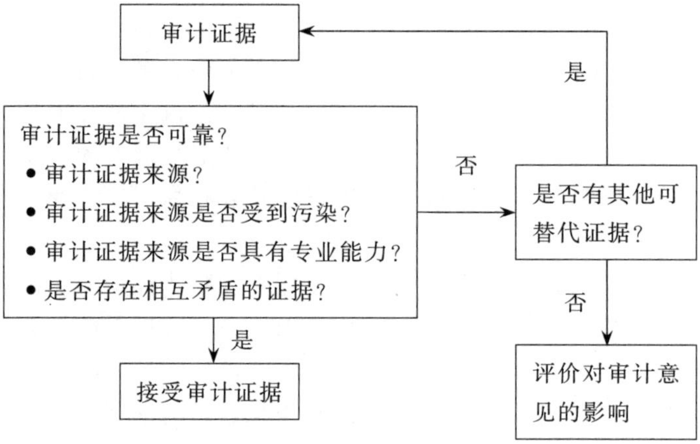

图2-2 针对审计证据的职业怀疑作用模式

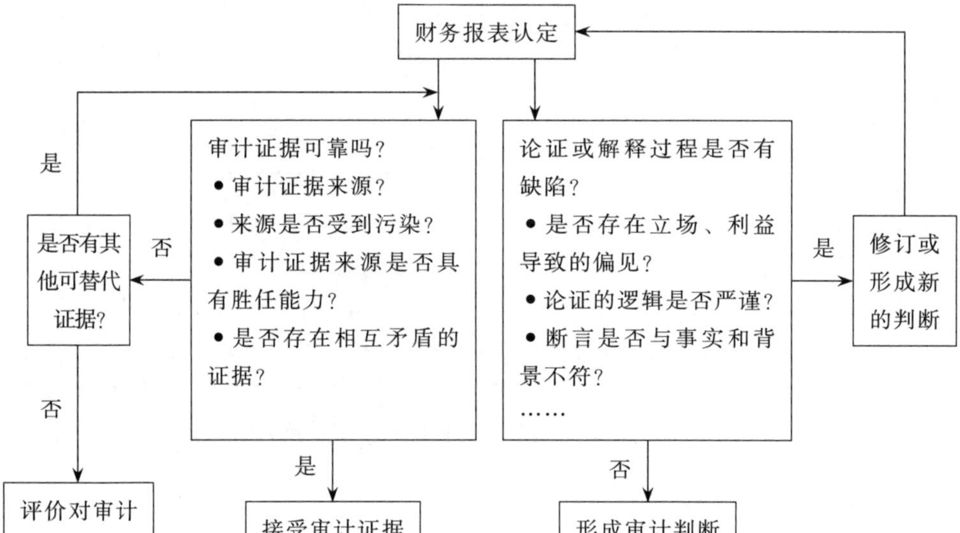

图2-3 针对财务报表认定的职业怀疑作用模式

2.4.4 职业怀疑的本质

职业怀疑是审计人员在审计过程中需要保持的一种职业态度。具体来说，是审计人员对已有的结论、证据和证据来源等，在未形成内心确认前表现出的一种暂不信任和悬搁判断的态度。

职业怀疑在本质上是一种批判性的思维模式。与科学研究的批判性思维的不同在于，审计的过程不仅仅是单纯的求真过程，审计过程也是一个涉及社会价值判断的过程。因此，一方面，审计过程中职业怀疑的目标是发现财务报表的重大错报，降低财务信息风险，维护公众利益；另一方面，职业怀疑不是无止境的怀疑，而是一种建立在成本效益原则上的怀疑。审计人员所应有的职业怀疑应当是能够说出理由、摆出道理、经得起理性论证的怀疑，而不是无故质疑、吹毛求疵。合理怀疑应当是非任性妄想的怀疑、非过于敏感悬想的怀疑、非仅凭臆测的怀疑、非吹毛求疵和强词夺理的怀疑。职业怀疑不是永不信任，不作判断，而是暂不信任和悬搁判断。“暂不信任不是消极的偏见，而是防止得出不完善结论的阻尼器。具有开放思维的人一定不要草率下结论。因为结论就意味着我们的思想将拒绝其他的可能……暂不信任表现出来的是在处理大量的信息、面谈，对材料进行分类、组织、权衡中的质疑和探究的态度。所有的信息和证据都要细心权衡，严格审查，与此同时保持一种开放的思维和致力于真相的决心。”（Fred Hutchison，2006）

2.4.5 职业怀疑的逻辑

结论的正确与否取决于证据的真实性，推理逻辑的合理性。职业怀疑就是要提高审计人员对证据真实性、推理逻辑合理性的认识效率。在审计职业中，职业怀疑被赋予了价值观。职业怀疑把追求公正、诚信、服务公众作为审计人员的价值选择，以克服审计过程中损及社会公众的结论作为实现价值选择的有效机制。宁可牺牲审计效率也不能殃及审计效果是职业怀疑的基本逻辑。

职业怀疑不是为了怀疑而怀疑，职业怀疑的保持激发了审计人员排除疑虑的动力，从而扩大证据的搜寻，并最终根据职业怀疑的排除情况形成正确的审计意见。

美国哲学家皮尔斯（1877）对“探究”一词的定义，对于理解职业怀疑是有益的。他用“疑惑”和“相信”来定义“探究”。他认为，疑惑是一种不适宜和不满足的状态，我们力争摆脱它进入相信状态。相信则是一种安全和满意的状态，我们希望进入这种状态或者转而相信任何别的事物。相反，我们不仅坚信，而且只坚信我们所相信的，疑惑的刺激导致为达到相信状态而作努力。皮尔斯将这种努力称为“探究”……探究的唯一目标是确立意见。

科学研究中的怀疑或者疑惑，带来了刨根问底的探究，其最终目的是达到满意或者没有紧张的安全状态。科研人员不是为了疑惑而疑惑，疑惑是引子，结果是解惑。

司法中的合理怀疑同样是如此发挥作用的，陪审团用合理怀疑检验依据证据构建出来的案件事实。任何存在的疑惑或者担忧，都会让整个证据链条出现松动。对于秉承无罪假定的刑事案件，这样的罅隙是无法接受的，除非陪审团能够排除合理怀疑，对于依据证据构筑的因果链条具有足够的信心。

审计中的职业怀疑发挥作用的过程与科学研究和司法判决中的怀疑概念具有同样的本质，所不同的是目标不同以及对于审计人员的要求不同。审计职业怀疑，从态度的角度看，是对公众利益负责，通过时刻对各种异常迹象保持警惕（保持职业怀疑），收集和评价证据，排除怀疑形成确定的审计意见和结论。保持职业怀疑是实现目标的技术手段，排除职业怀疑是审计人员需要达到的目标。

审计、科学研究和司法中有关怀疑作用的区别与联系如表2-2所示。

表2-2 **各领域怀疑的作用**

领域＼过程	目标	触发怀疑的线索	排除怀疑的标准
科学研究	发现真理	发现暗示问题存在的线索	通过假设检验承认或否定假设
司法判决	形成客观、公正的判决	证据链条不严谨，不能对案件形成完整的、独一无二的因果解释	根据证据形成的解释具有内在一致性和独特性
审计	形成客观、公允的审计意见	相互矛盾的证据、不符合商业逻辑的证据	没有无法解释的异常线索或者证据

2.4.6 职业怀疑的原则

职业怀疑的原则，具体而言就是保持职业怀疑的指导性要求。为了保证审计的质量，职业怀疑的原则有两条：一是有错推定；二是疑错从有。

2.4.6.1 有错推定

“有错推定”原则，强调的是“怀疑”。当然，怀疑绝不等于无端猜疑，怀疑是要有根据的。但是怀疑并非判断，它所要求的根据与判断所要求的证据在性质上是不同的。“判断”不能捕风捉影，“怀疑”只需空穴来风。

一方面，审计人员作为弱势者针对强势者（审计客户）进行取证，困难和障碍重重。要求审计人员必须提供如山之铁证才能产生怀疑、发表怀疑，实际上等于剥夺了怀疑权，也等于剥夺了知情权。另一方面，怀疑不等于判断，被怀疑者可以抗辩，可以提供反向的证据。

常识告诉我们：怀疑出错之害小于判断出错；弱势者对强势者怀疑出错之害更小于强势者对弱势者怀疑出错。审计人员怀疑出错的损害，相对而言只限于审计人员和被审计单位，而判断出错的损害，将殃及普罗大众和整个经济社会。

就此而言，审计人员采取“有错推定”的原则，与法庭上采取的“无罪推

定”的原则在利益诉求上具有相似之处——都是追求整体社会利益的最大化。后者强调的是在判断过程中，冤枉一个好人相比于放过一个坏人是更大的恶；前者强调的是，为了避免损害公众利益，审计人员对被审计单位的暂时怀疑是更大的善，由于被审计单位的强势地位，哪怕怀疑出错，最终一定会在审计结论形成时得以纠正。所以，司法实践中的“无罪推定”与审计职业怀疑中的“有错推定”是形式相反而实质相同的。

有错推定，具体到审计过程中，就是对一些高风险的审计领域作出“有错推定”假设，进而引导审计人员采取更有效的审计措施。也就是会计师在没有充分、适当的审计证据证明该交易事项或科目余额是否真实的前提下，就假定存在问题，如此会更有效地发现舞弊信号，也能更有效地证实或排除已发现的舞弊信号。因此，我国审计准则明确指出，对高风险的客户及高风险的审计领域，如特殊行业及特殊交易，尤其存在会计估计和判断的交易事项或科目余额，要实行有错推定假设，如按照当前审计准则的要求，对收入的审计就需要采取有错认定假设。

2.4.6.2　疑错从有

疑错从有，也就是审计人员在发现一些异常的迹象或线索时，要充分考虑可能存在错报和舞弊的可能性，并有针对性地实施审计，直至排除怀疑，得出恰当的审计结论。

疑错从有，也可以理解为审计过程中的证据标准。从这一意义上理解，疑错从有与西方刑事案件中使用的“排除合理怀疑”标准具有异曲同工之处。排除合理怀疑标准是在“无罪推定”假设下的证据标准，是相对于“优势证据”而言的更高的证据标准。

关于排除合理怀疑的标准，一般认为必须遵守两条基本界限：一是上限。排除合理怀疑不要求达到绝对确定的程度，不要求百分之百确定无疑。诉讼认识是一种历史认识，是对已经发生且无法再现的案件事实的认识，是不可能达到绝对确定的程度的。正因为如此，对排除合理怀疑不能解释过高，不能要求排除所有怀疑，而只需将“合理的”怀疑予以排除即可。二是下限。排除合理怀疑要求对刑事案件的证明必须达到诉讼认识所能达到的最高程度。刑事诉讼直接涉及对公民的自由甚至生命等最根本性权利进行限制或剥夺，为了防止错误地将无罪的公民认定为有罪，刑事诉讼必须坚持很高的证明标准。

“疑错从有”意味着，审计人员在审计过程中，要保持较高的审计证据证明标准，当审计证据不足以消除重大的疑虑时，审计人员必须通过扩大审计范围、追加审计程序或者调整审计意见等措施恰当应对，而不应该仓促下结论。任何审计结论或意见都是对财务报表相关信息的合理保证，这不是一种低水平的保证，而是基于审计职业特点的一种高水平的保证，其前提就是排除了各种职业怀疑，采取了疑错从有的判断标准。

2.4.7 职业怀疑的基本特征

职业怀疑作为一种态度系统，表现出启发性、中介性、辩证性、目的性和历史性等特征。

2.4.7.1 启发性

一切的知识和真知都缘于我们对这个世界的疑惑。古训："学者先要会疑。"张载云："在可疑而不疑者，不曾学；学则须疑。"孟子云："尽信书，则不如无书。"陈献章云："学贵知疑，小疑则小进，大疑则大进。"这些都是对怀疑启发性作用的论证。职业怀疑就是要寻求对证据和信息的多种解释，不拘于成见，大胆假设，小心求证，从而促使审计人员排除疑虑，发现财务报告的真相。

2.4.7.2 中介性

职业怀疑是联系新旧认识和实践的中介环节，一方面，它不满足于现状，并对之进行反思和批判；另一方面，它虽不是却又不断构想着理想的未来，并成为未来理想认识和实践的催化剂和催生婆。职业怀疑不是为了怀疑而怀疑，职业怀疑是连接认识和财务报表真相的桥梁。职业怀疑导致了调查探究行为的发生，审计人员根据调查探究的结果得出更科学的审计结论。

2.4.7.3 辩证性

职业怀疑与怀疑论的重要区别之一在于，它既倡导人们勇于怀疑、大胆质疑，又告诫人们要防止怀疑一切、全盘否定。职业怀疑是在承认客观事实的基础上，对认识的不合理部分的否定，并由此提出问题，促使注册会计师去析疑、解疑，从而推动审计过程向前进行。在这个意义上，职业怀疑是唯物辩证法的重要内容。它"包含着相对主义、否定、怀疑论的因素，可是它并不归结为相对主义"。因此，职业怀疑不是片面的否定，而是辩证的扬弃。

职业怀疑不是为了怀疑而怀疑，职业怀疑的保持激发了审计人员排除疑虑的动力，从而扩大证据的搜寻，并最终根据职业怀疑的排除情况形成正确的审计意见。职业怀疑不是无根据的怀疑，而是根据"证据"说话，通过对证据的正确解读，寻求财务报表的真实状况。

职业怀疑不是忽视客观因素的单纯求真，而是在重视成本效益原则，认识审计客观过程的基础上，积极探究和求得客观的态度。

2.4.7.4 目的性

职业怀疑，不是不作判断，而是悬搁判断，它必然导致更加合理准确的审计结论。形成准确的职业判断，发表公正的审计意见始终是审计人员保持职业怀疑的最终目的。

"因为我们是人，所以我们并不完美。因为我们并不完美，我们必然犯错。但是，由于审计人员错误的成本十分高昂，因此我们必须将审计人员错误的严重程度、影响范围和频率降至最低。"（Gillan，2007）

对于审计人员以及审计职业而言，公众的信任是职业存在和发展的基础。如前所述，维护财务信息使用者的利益是审计人员至高无上的宗旨。在审计中保持职业怀疑，正是以克服审计过程中损及社会公众的结论作为实现审计价值的有效机制。宁可牺牲审计效率也不能殃及审计效果，公众利益至上是职业怀疑的根本逻辑。结论的正确与否取决于证据的真实性，推理逻辑的合理性。职业怀疑就是要提高我们对证据真实性、推理逻辑合理性的认识效率。职业怀疑以克服审计人员决策判断的局限性为己任，从而得出准确的审计结论。

2.4.7.5 历史性

职业怀疑是一个不断发展的范畴，会随着社会的发展而不断演进。不同时期职业怀疑的合理与否取决于当时的社会认知。在某一时期、地点合理的职业怀疑，在此时此地可能是怀疑不足，或者怀疑过度。因此，对职业怀疑的事后评论总是有些事后诸葛的味道。

3 理论探源：职业怀疑在审计中的地位

“审计人员一旦作出了‘假设’，就对它们进行检验……在这个过程中，审计人员对各个命题的初步看法往往非常关键。他们如果认为这些命题是可疑的，那么，就可能采用严格的审计程序，更加慎重地选择审计时机，并把审查范围扩大到更长的时间里或更多的会计事项上；他们如果感到这些命题是令人满意的，就会采取一种‘最低限度的审计程序’。在这两种情况下，只要没有获取与具体命题直接有关的证据，审计人员都不能从暂时认可或怀疑的状况中跃出一步。”（R. K.莫茨，H.A.夏拉夫，1961）

3.1 职业怀疑的缘起

任何概念的提出都有其特定的历史背景和动因，将相关概念重置于历史之中，对于理解和把握相关概念都是有益的。职业怀疑概念的提出和演进过程，为学者和审计实务人员准确理解和把握职业怀疑提供了种种线索。

3.1.1 职业怀疑植根于审计本质

关于审计的导因，目前有多种解释，如委托代理理论、信息不对称理论以及保险理论等。在本研究中，我们倾向于委托代理理论和信息不对称理论给出的解释。这两种理论认为审计作为一种服务职业，没有社会需求便不会产生，不能满足社会需求就无法发展。信息提供者的趋利动机、经济业务的复杂性、编制财务信息所需的专门技术、信息风险和时空间隔的存在等诸多因素共同决定了审计的产生和发展。

对审计的需求源于使用者对财务会计信息的需求。如果没有审计活动，财务会计信息的传递过程如图3-1所示。

引入审计活动以后的财务会计信息传递过程如图3-2所示。

根据审计概念委员会的观点，审计在财务会计信息的传递过程中实际上发挥了两种作用：控制和增信。

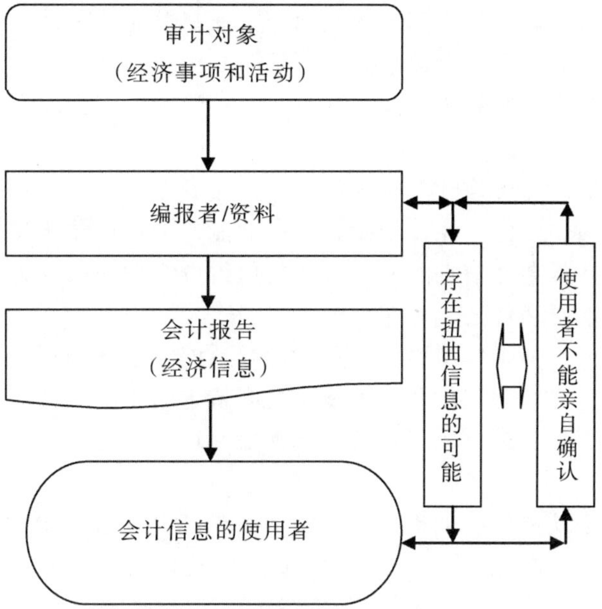

图 3-1　财务会计信息传递

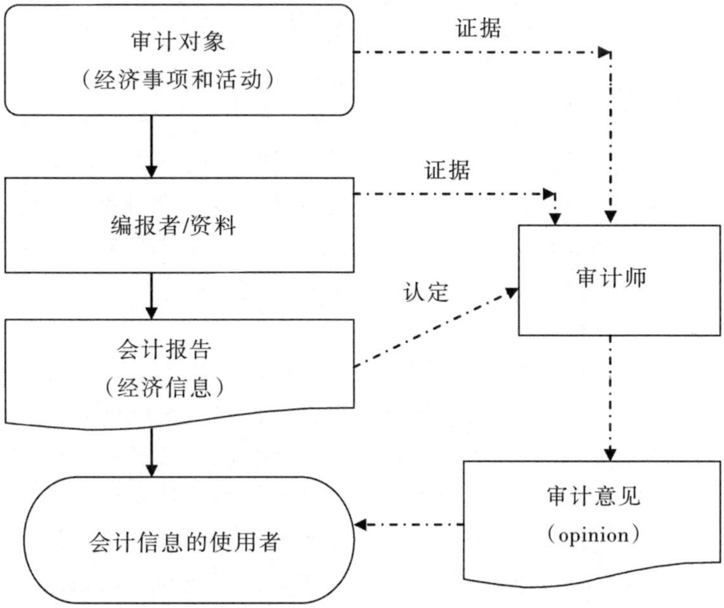

图 3-2　财务会计信息的沟通及审计功能的角色

条件：信息使用者与准备者的利益冲突

对于使用者而言，信息具有一定的后果

鉴证对象（subject matter）的复杂性与审计流程

使用者远离鉴证对象和编报者

审计对会计信息质量的控制表现在两个方面：首先，审计根据已确立的反映使用者需要和期望的标准对会计信息进行了独立检查；其次，审计促使会计信息的编报者在其控制下按照使用者的标准执行会计流程，因为编报者知道，他们的工作将被独立的专家检查。

审计增加了信息的可信性，因为信息的使用者相信上述的控制在信息的沟通过程中发挥了作用。因此，相比于没有审计功能，他将更放心将信息用于预期的目的。这种信任使得会计信息的所有潜在价值得以实现——因为信息的价值是通过使用，而不是编制和传送过程实现的。

简单地说，审计师缓解了由于利益冲突导致的“信任沟距”问题。但是审计对信息的增值是一把双刃剑，如果审计由具有特定品质的人员适当实施，并且使用者认为审计人员称职地完成了审计工作，那么增值就是正的；反之，信息的增值就不存在了。

信任对于一个功能社会的运行是必需的，信任是社会系统的润滑剂（Arrow，1974），内嵌于社会组织之中（Rotter，1971）。没有信任，个人组织和市场经济都无法有效运行。La Porta（1997）研究发现，一个国家社会及其经济的有效运行与这个国家国民持有的信任水平正相关。

毫无疑问，审计是市场经济、证券市场中建立投资者和利益相关者对企业组织信任的重要机制的一个环节。如果使用者认识到审计是失败的，并认为审计没有资格实现这一功能，主要的损失仅仅是审计成本。但是，当不应当相信审计时，使用者不明智地相信了审计人员的资质，其潜在的损失可能很严重。接受了本来不可靠的信息可能造成不当的决策，接下来将导致使用者和审计人员之间产生“信任沟距”，这将破坏或降低审计的功效。尤其是当存在利益冲突和使用者远离信息时，委员会认为审计增加的功能主要是控制有意、无意地影响财务报告信息的偏差。

无论发挥何种功能，我们不难看出，审计业务的存在其实隐含着这样的假设：信息使用者不能完全相信信息提供者提供的信息，与此同时信息使用者不可能亲自对这些信息进行验证。那么，就需要对信息的生成过程进行控制，或者解除心中的疑虑，但完成这一使命的前提是审计人员能够切实地发挥作用，将信息使用者对会计信息的疑问转化为其自身的职业怀疑，通过排除怀疑，来增强会计信息的可信性。可以说，职业怀疑这一理念是审计职业与生俱来的，自审计职业诞生起，就已经深深地根植在了每一个审计人员的基因之中了。

3.1.2 审计环境变迁是职业怀疑理论发展的直接动因

审计环境是理论研究的逻辑起点。审计环境影响着审计目标、审计假设和由此确立的审计基本理论、审计规范理论和审计应用理论。

审计假设、审计目标都受制于审计环境，审计假设要基于现实的审计环境，审计目标在现实的审计环境中成型。从职业怀疑在审计相关规范的演进过程中可以发现，审计环境是职业怀疑提出和发展的土壤，受制于审计环境的审计目标和审计假设变迁，是催生和发展职业怀疑理论的直接动因。

职业怀疑逐渐得到重视，20世纪中叶以来爆发的审计信任危机起到了至关重要的推动作用。信任危机源于审计职业界对揭露舞弊责任的推诿以及审计环境的变化。

3.1.2.1 审计职业怀疑提出的历史环境

（1）审计职业界对揭露舞弊责任的推诿

早期的审计理论认为审计有三个目标：侦测舞弊、侦测技术错误和侦测原则错误。但是伴随着20世纪初审计服务市场的成长，以及审计人员在侦测精心策划的舞弊过程中遇到的困难，职业界屈于压力修订了有关舞弊侦测责任的审计准则，审计人员也逐渐把侦测舞弊与违法行为置于其责任范围之外。

在美国注册会计师协会1951年发布的《审计程序说明汇编》中，明确指出"为对财务报表发表意见而进行的一般检查不是用来，也不可能靠它来揭露盗用公款，以及类似的舞弊行为和工作差错"。

1960年发布的《审计程序说明第30号》删除了这一强硬的表述，它明确地承担了揭发舞弊行为和工作差错的部分责任。不过这种责任局限于下列情形，即审计人员在根据公认审计标准进行审计时怀疑存在重大舞弊行为和工作差错，而且已影响到他对财务报表发表意见的程度，假如这种情况发生，审计人员就应该坚持由委托人或审计客户自己对可能存在的舞弊和差错进行调查。但它接着补充道，独立审计人员不能查出欺诈行为，只有在他明显地未遵循公认审计标准时才负有责任。

（2）监管机构、公众以及法庭的期望

证券交易委员会认为审计可望用来检查某种舞弊行为。它在1940年发布的《会计系列公告》——"麦克森-罗宾斯公司问题"中指出："无论如何，我们坚信，即使股份公司的资产负债表审查中，也可以指靠会计师来检查资产和利润的虚报是否出自蓄意舞弊或类似的情况。我们认为，在经验丰富的会计师对经营方式进行透彻的分析的同时，全体审计人员所表现出来的警惕性，在本案例达到严重程度以前，就应该查出账户的虚报情况，而不管其原因如何。我们进一步认为，这种审查不应该把公司的高级职员排除在公司经营情况的鉴定范围之外。我们感到，发现账簿中的虚报情况可作为这种审计的重要目标。退一步说，即使不可能披露每一个细小的差错，情况也是如此。"1974年，证券交易委员会在《会计系列公告》第153辑中以几乎同样的语气重申了这一立场。

20世纪60年代末期，几次司法判决标志着法院和公众对审计人员责任以及审计人员向第三者承担法律责任的态度发生了巨大变化。

1968年巴·克雷斯建筑公司（Bar Chris）案中的法官认为，对于1961年发生的事项审计人员没有发现任何错误和遗漏，而这些错误事项都是重大的，审计人员所得到的答案都是来自于公司管理层，而没有亲自去证实这些答案是否属实。在麦克林法官通篇研究巴·克雷斯公司的审计工作底稿后，裁定毕马威事务所不能证明其已尽了应有的谨慎责任。麦克林法官特意指出审计人员所用的程序与审计准则一致，但其对审计准则规定的程序的遵循不能证明其已尽了应有的谨慎责任。

1969年大陆售货公司（Continental Vending Co.）案中，法官、陪审团认为，审计人员对财务报表发表了误导性意见，对关联方交易关注不够，不能对总裁非法窃取公司利益视而不见。值得注意的是，法庭判决认为即使证明审计工作是依据审计标准进行的，也不能确认审计人员具有善良的信念和意图……也不是必然地或自动地构成辩护的全部理由。

1973年权益基金案中，审计师被指控忽视公认会计和审计准则，有不道德行为，公开与犯罪人员讨论虚假会计记录；1974年美国财务公司案中，判决认为前任事务所没能表达对美国财务公司管理当局的正直性的怀疑。

3.1.2.2 重塑职业声誉亟须唤醒职业怀疑文化

要走出信任危机，审计职业界认识到，必须承担揭露舞弊的责任，必须重新确立正确的行为模式，独立于被审计单位，把公众的利益作为审计职业的追求。1977年，职业怀疑第一次被写进了SAS No.16，在之后的日子中，准则中的职业怀疑概念不断得到发展和完善。

从审计准则中职业怀疑的概念和表述中，可以模糊看到法庭判决的影响。例如来源于1968年巴·克雷斯建筑公司案、1974年的美国财务公司舞弊案中的“审计人员不应基于已有的经验认为管理层是正直的，要具有佐证管理层声明的意识”等。

职业怀疑明确了审计人员的立场，审计人员不仅要在乎自身的利益，更应该维护公众的利益。公众的利益是第一位的。从某种程度上可以说，审计人员的经济利益是建立在阻止较为严重的不幸（如重大的公司舞弊）发生这一基础之上的。这实质上就是明确了审计人员的价值标准和基本信念。

职业怀疑也清楚地说明了审计人员的行为方式。对于被审计单位管理层，审计人员不能轻率地相信，也不能仅仅依靠以往的经验对其正直与诚信的品质进行判断；对于存在重大错报风险的收入确认等领域，审计人员要采用有错推定的思维模式；对于注意到的表明可能存在舞弊的迹象，审计人员要采用进一步的程序，收集证据直至排除疑问；对于审计人员专业能力不足以排除疑问的领域，需要借助专家的工作。

职业怀疑也告诉了审计人员道德和法律的边界。相较于独立性的模糊，职业怀疑更明确地说明了审计人员与被审计单位的关系——怀疑。职业怀疑已经成为判断审计人员独立性、判断审计人员是否尽到应有职业关注和判断审计责任的标准。

职业怀疑概念体现了审计的本质要求，信息使用者不能完全相信信息提供者提供的信息，与此同时信息使用者不可能亲自对这些信息进行验证。那么，要解除这些不确信就必须依赖审计人员的工作。正如在PTL俱乐部审计失败的案例研究中泰德维尔（1995）指出的那样：所有的审计工作都是基于一个假设——审计人员有义务保持应有的职业关注并保持职业怀疑。职业怀疑是审计职业与生俱来的职业态度。只有保持了这样的职业怀疑才能让信息的使用者有理由相信，他们对信息的不确信在审计的过程中转化成了审计人员的怀疑，而且审计人员根据怀疑的排除情况发表了合理的审计意见。

从这个角度来说，职业怀疑是植根于审计职业的一种职业文化。职业怀疑这一审计与生俱来的理念，在审计诞生之初并没有得到足够的重视，这与当时的审计环境有关。经济业务简单、编制财务信息所需的技术不高、被审计单位规模较小等因素使得把职业怀疑这一概念凸显出来看起来没有必要，尽管当时的审计业务中实际上隐含了这一职业态度。

3.2 职业怀疑在审计理论体系中的地位

审计理论结构是通过观察和经验积累的关于审计实践的理性认识。莫茨和夏拉夫（1961）开创性地在《审计理论结构》一书中提出了审计理论结构概念，由此拉开了审计理论结构研究的序幕，审计理论结构逐渐清晰起来。刘明辉（1997）在《独立审计准则研究》一书中以审计目标为逻辑起点构建了审计理论结构框架。

在该理论结构框架中，研究者将审计理论结构大致划分为了两个层次：一是审计基本理论，主要包括审计基本概念、基本原则、基本原理等基础性审计理论，如审计目标、审计假设、审计概念和审计原则等；二是审计应用理论，主要包括由审计基本理论推演而成的派生概念及其相关的原理，如审计准则、审计程序、审计方法和审计报告等。其审计理论结构如图3-3所示。

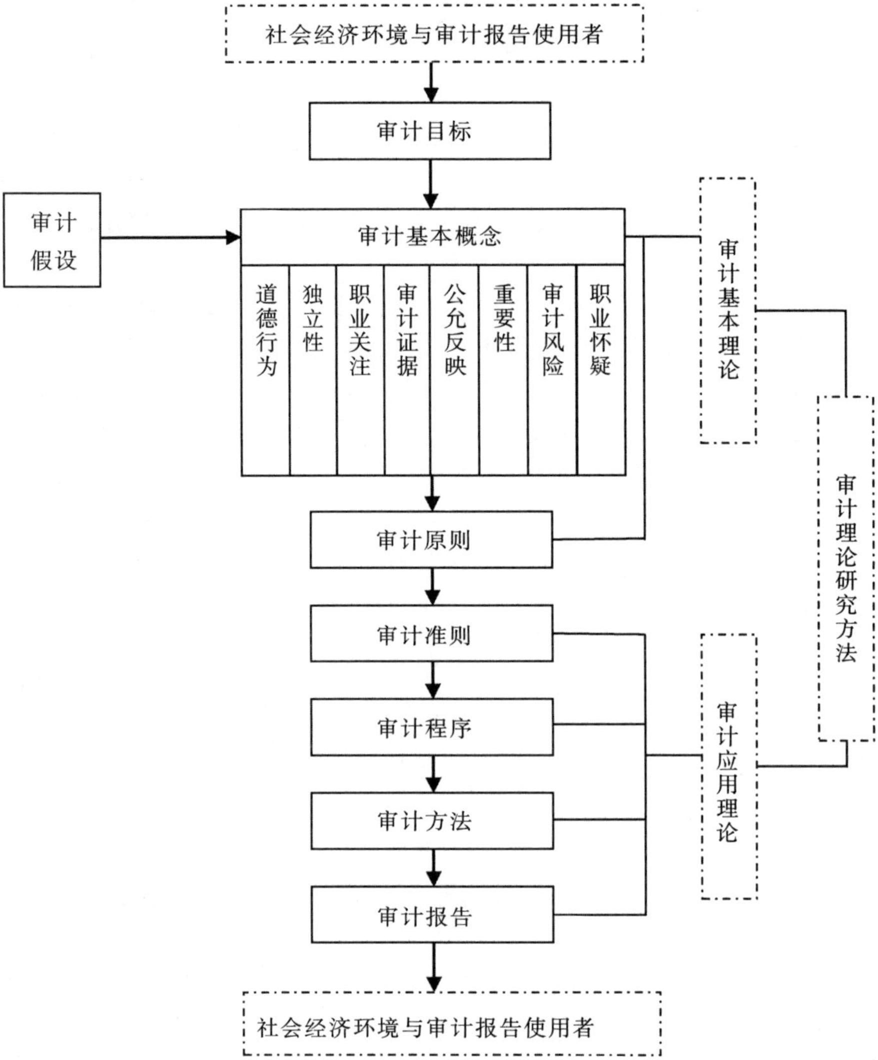

图 3-3　目标导向型审计理论结构图

将职业怀疑概念置身于审计理论结构之中，职业怀疑的理论定位就具有了参考的坐标。前一节中，我们探讨了职业怀疑的缘起，认为职业怀疑是根植于审计本质的理论概念，审计环境因素的变迁推动审计目标演进，最终促使审计职业怀疑概念瓜熟蒂落，相关理论不断得到发展，并在审计实践中日益受到重视。实质上，这也是从审计假设和审计环境出发，对职业怀疑的发展轨迹进行探索和定位。有关职业怀疑的影响，我们还要从职业怀疑概念对审计理论和实务的两个视角进行审视。

3.2.1 职业怀疑、审计目标与审计证据

审计目标是在一定的历史环境下，审计主体通过审计实践活动所期望达到的境地或最终结果，它体现了审计的基本职能，是整个审计系统运行的定向机制，是审计工作的出发点和落脚点。

与纯科学不同，审计虽然具有推理论证的过程，但审计的目标并不纯粹在于发现真相。审计活动并不是一个纯粹“求真”的事实认识活动，而是包括了“求善”的价值选择活动。

3.2.1.1 职业怀疑与审计证据收集

审计的目标是合理保证财务报表不存在重大错报，在风险导向审计模式下，这一合理保证需要通过审计人员系统地收集和评价证据来完成。审计人员收集和评价证据的过程及职业怀疑的作用如图3-4所示。

在审计证据的收集和评价过程中，职业怀疑是贯穿始终的。在风险导向审计模式下，重大错报风险指引审计资源配置，高风险的财务报表认定或领域需要重点投入审计资源，包括有经验审计人员的配置以及较多的审计时间安排。

在了解被审计单位及其环境，识别和评价重大错报风险时，职业怀疑对于任何可能表明重大错报的迹象和状况保持警惕，以合理确定需要重点配置审计资源的高风险领域，进而引导审计资源的配置。在此，职业怀疑发挥着审计证据收集和评价的定向机制。

在针对评估的重大错报风险收集审计证据的过程中，职业怀疑发挥着审计证明标准的作用。针对某一领域或认定的审计结论是否足以消除审计人员的职业怀疑，是审计证据搜寻过程是否可以结束的标准。

另外，作为一种态度（R.K.莫茨，H.A.夏拉夫，1961），职业怀疑指向需要合理保证的财务报表认定，表明了在形成和表达判断时将采取一种公正的立场，也表明了判断将不会脱离证据，取得的证据也将是合理合法的。职业怀疑态度为整个审计工作设立了基调——为了保证公众的利益，合理保证财务报表不存在重大错报，审计人员对于任何表明可能存在重大错报的迹象要高度警惕。

3.2.1.2 职业怀疑与审计证据评价

审计证据是审计人员在执业过程中，根据审计目标获取，并据以形成审计意见的资料和事实。在执业调查过程中，审计人员所进行的各项工作无一不围绕着收集和评价证据这一核心任务展开。职业怀疑指引着审计证据的搜寻，也直接指向审计证据。

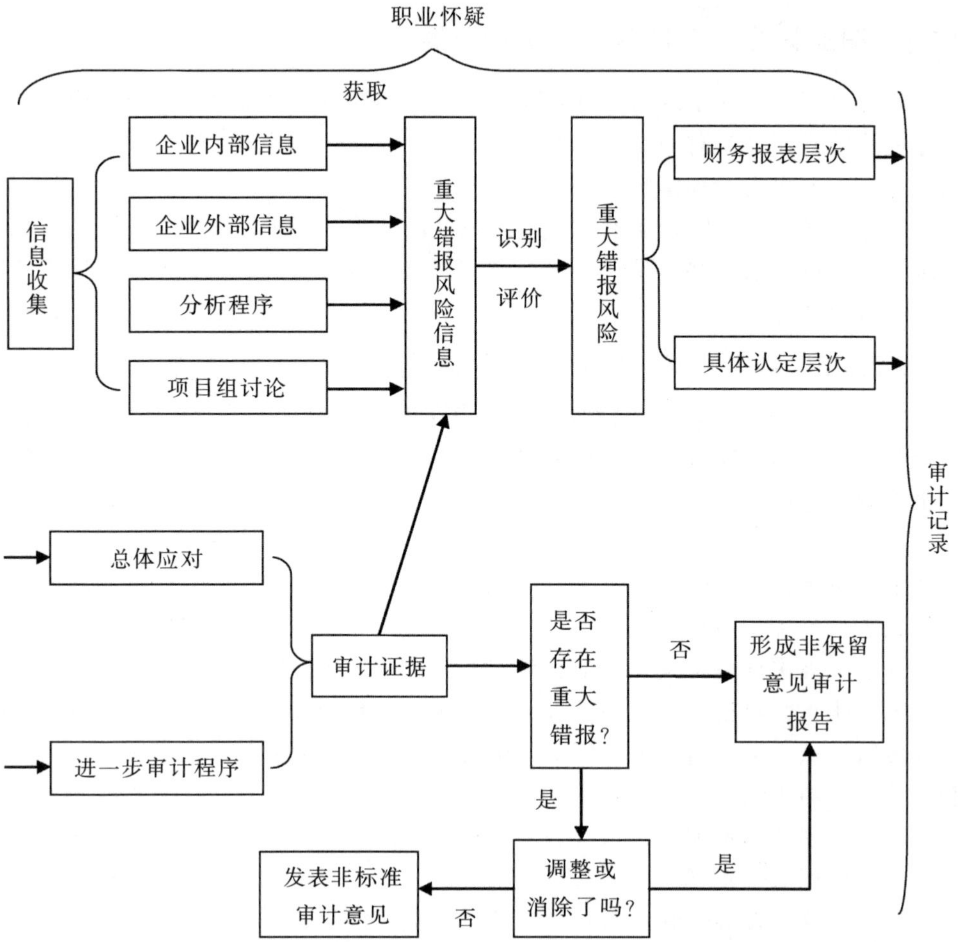

图3-4　审计证据收集与评价及职业怀疑作用

“除非判断的目的是确定真实性，任何判断都包括先后两种判断：首先，确定所接受证据的真实性或可靠性；其次是基本的或主要的判断（意见）。在第二种判断中运用所接受的证据作为程序的一部分。”按照G.W.尚德尔（1992）的观点，我们可以发现，审计证据、依据审计证据形成的判断是职业怀疑的基本对象。如果把判断分解，则可以说审计证据和思维逻辑是职业怀疑的对象。职业怀疑最终促成了对审计证据的正确使用，导向了更合理的思维逻辑。

针对证据的职业怀疑，指向证据的可靠性、相关性。可靠性指的是证据反映了客观事实，证据是可以验证的；相关性，则是指与决策判断相关。针对证据的怀疑依赖于证据三角理论，认为证据是可以相互佐证的，不能相互佐证的证据必然存在可疑之处。

证据三角理论指的是在研究的过程中，从多个角度获得相互印证的证据，研究结果或结论就更准确，更有说服力和解释力。巴顿（Paton，1987）讨论了评估中四种类型的证据三角形，分别针对于：不同证据来源（资料三角形）；不同的评估员（研究者三角形）；同一资料集合的不同维度（理论三角形）；各种不同方法（方法论的三角形）。

就资料三角形来说，提倡的是从多种渠道收集资料，并力求验证同一事实或现象。在这一过程中，可能出现两种情况：（1）真正形成了稳定的资料三角形；（2）在同一研究中使用多种类型的证据，但这些证据侧重论证不同的事实。如果使用了多种来源的资料，但并未真正形成稳定的证据三角形，那只能算是孤立地分析了每一种证据，但各类证据之间并没有相互印证。

3.2.1.3 审计目标与职业怀疑

很显然，审计人员的职业怀疑受到审计目标影响因素的制约。影响审计目标的因素有很多，但重要的因素有以下三个方面（刘明辉，2013）：（1）社会需求是影响审计目标确立的根本因素；（2）审计能力是影响审计目标确立的决定性因素；（3）社会环境的制约使审计目标成为现实的审计目标。社会需求对职业怀疑的影响，我们已经在第一节中做了叙述。

审计能力是影响审计目标确立的决定性因素，职业怀疑同样受制于审计能力。职业怀疑是一个客观见之于主观的过程，审计人员的专业知识和理论素养是职业怀疑的基石，否则不是导致无故质疑，就是导致怀疑不足。无论哪一种情况发生，都将对审计目标的实现产生影响。

国家法律、法庭判决和会计职业团体等社会环境的制约使审计目标成为现实的审计目标。作为实现审计目标工具的职业怀疑，其合理与否同样是社会认知等因素共同作用的结果。国家法律和法庭的判决对职业怀疑的底线有着重要的影响；而会计职业团体则是把握怀疑水平的主体。可见，合理的职业怀疑是一个不断演化的概念，伴随着社会的进步而发展。

3.2.2 职业怀疑、职业关注与职业责任

应有的职业关注是在界定审计职业责任的过程中逐渐发展起来的概念，职业怀疑是职业关注概念的派生概念。随着社会的进步、经济与社会生活的复杂化以及对消费者权利的更大关注，由于社会对审计职业关注的要求越来越高，职业怀疑概念日益受到重视。

3.2.2.1 服务于职业责任界定需求的职业关注概念

职业责任（professional liability），是指提供专门技能或知识服务的人员，因其疏忽或过失而提供的服务存在缺陷致人损害而应当承担的民事赔偿责任。

按照杰克逊和鲍威尔（1982）的观点，专业人士具有以下四个特征：（1）专

业人士的工作具有高度的专业性，其中心不是体力工作，而是脑力的、判断的工作；（2）高度重视职业道德，而且重视与客户之间的信赖关系；（3）大多要求一定的资格，并有专业职业团体所维持的相当业务水平；（4）具有较高的社会地位，以及与之相应而具有较高的收入水准。

关于职业责任的一个权威表述来自于英国“Cooleyon Tort”一案的法官在判案时所做的解释——“每一个向他人提供服务或被雇用的人，在其工作过程中都应承担以合理的关注和勤勉应用其所拥有的技术的责任。在所有需要专有技术的服务中，如果一个人提供这种服务，就被理解为他拥有与其他同行一样的技能。如果在实际工作中发现他不具有这样的能力，他就对所有相信他的工作或者雇用他的人犯有一种欺诈罪。”

从引文中，我们可以这样理解职业关注的含义：职业人士具有与其提供的服务相适应的技能，在执业过程中能够小心谨慎地运用其技能，执业过程中保证忠诚老实和公正。

“不管什么时候，一个人如果处于这样一种境地即每一个人相对于其他人来说能直接意识到：如果他在那种环境中的行动不运用一般的关注和技能就会引起对某人或其他人的财产的危害，那么运用一般的关注和技能以避免这种危害的责任就产生。”（陈洁，2001）

很显然，审计人员是专业人士。那么，在普通法下，过失侵权责任便是审计人员重要的职业责任。“合理注意”正是普通法下对这一责任的标准，在审计中，莫茨和夏拉夫提出的“谨慎的实务家”也正是基于这样的逻辑提出来的。

在审计中对职业关注的一个经典阐述来自于莫茨和夏拉夫（1961）的成名之作《审计理论结构》。在该书中，针对审计职业是否应该接受揭发舞弊和差错以及该接受到什么程度时，两位专家认为，确定揭发若干种舞弊和差错的责任范围并不是很困难的，需要做的是对舞弊和差错进行分类，然后根据分类确定应该承担的责任范围。

一方面是审计人员在任何情况下均不承担责任的某些舞弊和差错。它们是非重要项目的舞弊和差错，诸如未加记录的舞弊和差错（如对于未加记录的杂项收入）；通过不重复出现的经济业务造成的舞弊和差错；极为隐蔽的串通舞弊。另一方面是机敏的审计理所当然地应予以揭发的各种舞弊和差错。它们是公开的大额短缺、资产负债表中足以影响财务状况的不法行为以及由于内部控制的某一已知缺陷产生的重要的反复发生的不法行为等。

对于第一类不可能发现的舞弊和差错要么缺乏证据，要么收集证据的成本过高，了解审计业务的专业人士都应认可，审计人员对此不应承担职业责任。对于第二类审计人员应当发现的差错和舞弊，由于可以经济地收集到充分的证据，所以审计人员在通常的审计过程中应予以注意，并承担相应的职业责任。

诸多有着不同特征的舞弊和差错处于以上两类的中间，构成第三类。对于第三类的舞弊和差错，即难于将责任强加到审计人员身上，也没办法彻底免去审计人员的责任。发现这类舞弊和差错的可能性受到众多具体因素的影响，这些因素包括测试的时间安排、审计人员完成审计工作的时间压力、合理的审计费用、可资审计人员使用的审计技术手段、委托人和社会公众的期望等。

作为解决以上界定审计人员职业责任这一棘手问题的办法，莫茨和夏拉夫主张形成一个职业关注概念，它以特定的术语表明审计人员在实施检查时应予以考虑的事项。如果审计人员的审计工作按照这个概念的要求进行，那么他将能够发现若干类应被发现的舞弊和差错。这样审计人员就既不会被免去发现全部舞弊和差错的责任，也不会被无限制地要求承担远远超出其能力的职业责任。

应有关注的概念就此形成，其包含两个部分：第一要确立慎重的实务专家的概念；第二要指明审计人员在不同情况下进行审计工作时应保持哪些应有的关注。

谨慎的实务专家概念来源于任一职业领域存在的慎重的、理性的、能干的专业人士形象。当该职业的某一从业人员的工作质量受到质询时，是否达到了实务专家的技能熟练程度就被当作衡量的标准，以确定该从业人是否具有工作过失。

慎重的实务专家的具体标准包括：

（1）拥有该职业所需要的一般知识并能与职业保持同步发展；

（2）能作出相当于审计平均水平的判断；

（3）在人格方面代表但不超越社会一般水平。

慎重执业的具体标准包括：

（1）熟悉被审查的客户，包括该客户的经营方式、行业环境、同业竞争；

（2）检查客户的内部控制制度；

（3）获得与客户的财务会计问题相关的资料；

（4）对异常事项和不熟悉的情况作出积极反映；

（5）设法排除对重要舞弊和差错所持的合理怀疑；

（6）认识到检查其助手工作的重要性。

3.2.2.2 让审计职业关注更明晰的职业怀疑概念

形成谨慎的实务专家概念必须借助于职业意见领袖的意见和多年来的诉讼结果。实际上，这种概念的形成是一个长期动态的过程，因为社会在发展，客观条件在变化，社会责任观念在不断地演进。谨慎的实务专家概念只是一个“理想”的、瞬时的动态平衡点。在不同时期，对于谨慎的审计实务专家的要求也在发生着变化。

这些都会反映在职业规范和司法实践中。例如，1938年美国麦克森·罗宾斯公司破产案的判决认为：审计人员在实施审计程序时，应对应收账款进行函证，对存货进行实地检查，以确保其存在。如果审计人员没有执行这些审计程序，就是没有保持应有的职业关注。

虽然职业关注概念对于界定审计人员责任发挥了重要的作用，但是由于这一概念本身是用于对专业人士的描述，尽管被应用到审计职业，但并不能完全突出审计职业的特点，明晰审计执业的要求。基于审计本质提出的职业怀疑概念，一方面明确了审计人员在审计工作中的正常状态，另一方面体现了社会公众对于审计职业责任的要求，完全契合了解决前述问题的要求。

众所周知，审计具有增信的作用。财务信息的使用者不相信企业管理层提供的财务信息，因此，引入审计工作，借以排除信息使用者的疑虑。那么，审计人员要实现信息使用者相信财务信息的目标，只有将信息使用者的疑虑转变成有根据的职业怀疑，并在审计过程中，排除相关的审计职业怀疑，形成审计报告。

基于这样的逻辑，将排除职业怀疑作为审计人员解除审计职业责任的标准，一方面有利于司法判决与职业标准的对接，另一方面也体现了社会公众以及审计职业自身对审计职业标准的较高要求。职业怀疑的有错推定和疑错从有原则都体现了这一点。

3.2.3 职业怀疑与审计准则

从审计准则的实质看，它是一种规范，是一种关于审计主体资格及其审计行为的专业规范（刘明辉，1997）。

审计准则的作用主要表现在下列几个方面：

（1）科学的审计准则为衡量和评价审计工作质量提供了依据，从而有助于审计工作质量的提高；

（2）科学的审计准则有助于规范审计工作，维护社会经济秩序；

（3）科学的审计准则有助于社会公众对审计工作结果的信任；

（4）科学的审计准则有助于维护审计组织和审计人员的正当权益，使得他们免受不公正的指责和控告；

（5）科学的审计准则有助于推动审计理论的研究和现代审计人才的培养。

从职业怀疑概念的提出和发展过程，我们不难看出，职业怀疑与审计准则紧密联系、相辅相成。

职业怀疑概念的引入，使得审计准则更科学合理，不仅有助于审计质量的提高，也使得审计人员的责任界定标准更清晰，使得社会公众对审计工作的理解更透彻。

审计质量通常指审计工作的规范程度和审计作用的总体质量，它包括审计工作质量和审计结果质量两个方面。其中，工作质量是结果质量的保证，没有工作

质量的保证就无从谈起审计结果的质量，而审计结果的质量又是审计工作质量的综合反映，是审计全过程工作质量的集中体现。

职业怀疑通过职业准则对审计工作质量的影响体现在两个方面：一个是价值观，站在谁的立场上的问题，这是解决想不想的问题；另一个是技术水平，拥有什么样的专业水准，这是解决能不能的问题。

审计准则明确要求，需要在下列审计环节中运用职业判断并保持职业怀疑：（1）通过了解被审计单位及其环境，识别和评估由于舞弊或错误导致的重大错报风险；（2）通过对评估的风险设计和实施恰当的应对措施，针对是否存在重大错报获取充分、适当的审计证据；（3）根据从获取的审计证据中得出的结论，对财务报表形成审计意见。

另外，审计准则引入职业怀疑概念，不仅详细阐述了职业怀疑概念的含义和实务操作要求，而且提升了职业怀疑概念的理论和实务重要性，推动了审计职业怀疑相关问题的研究。审计准则具有相对的稳定性，但审计准则对职业怀疑相关问题研究的推动作用是持续的，而科学的研究成果也将为今后的审计准则完善和发展提供更多的理论支撑。

4 机理分析：审计职业怀疑的作用机理

“……它表达的一个基本理念是审计是一个调查过程……审计是一个系统的过程：客观地获取和评估关于对经济活动和经济事件的认定的证据，以查明这些认定与确立的标准之间相符合的程度，并把其结果传达给有利益关系的客户。”（J. A. Silvoso，1972）在这一过程中，审计师需要证明的命题是“财务报告在所有重大方面是否是按照公认的会计准则编制的，不存在重大的错报”。

“财务报告在所有重大方面是按照公认的会计准则编制的，不存在重大错报”这一命题是企业的管理层给出的断言，审计人员需要做的是对这一命题进行评价，审计人员要依据审计工作对管理层给出的这一断言所依据证据的可靠性、逻辑的科学性进行评价；在这一过程中，审计人员还要对发现的异常进行客观准确的解释和归因。

4.1 职业怀疑的合理内核

审计职业怀疑在审计实务中日益受到重视，除了审计客观环境的需求作为牵引力，其本身也具有科学合理的内在动力。

4.1.1 对审计过程的合理解释

不同的专家学者对审计过程具有不同的理解，代表性的观点主要包括尚德尔（1992）基于数据传输理论的解释、R.K.莫茨和H.A.夏拉夫（1961）基于知识理论的解释以及基于伦理决策理论的解释（Shaub & Lawrence，1996；R.K.莫茨和H.A.夏拉夫，1961）。三种理论视角并不是相互排斥的，相反，它们是相互融合的，分别从不同视角提出了对审计过程的合理解释。

4.1.1.1 基于数据传输理论的解释

G.W.尚德尔（1992）认为，从本质上讲，审计是一个评价过程。“评价是一种比较，并引出一个观点或判断。作为一种比较，它隐含有一种事件存在的状态，存在着另外的（实在的、可能的或想象的）状态。在评价过程中，要同时考虑这两种情形，在我们的脑子里作出即时的比较，得出几种结论中的一种。”

在实际审计过程中，这样的状态可能超过两个，它们的结构通常是没有定式的。在评价的过程中，我们会构建出不同的模式，获取新的数据，发展出新的信息。

基于这样的认识，他认为，研究审计活动，有如下需要关注评价过程的6个思考步骤：

（1）确定评价的目标，该目标将决定整个过程中所有的其他部分；

（2）建立或接受一系列或者某一系统的规范标准，如公认会计准则等；

（3）通过接受数据或收集证据确定各事件的状态；

（4）进行实际比较，即根据既定的一组事实考察规范的系统与另一个实际的和计划的系统之间趋同或离散的可能原因及可能的结果；

（5）形成意见或判断，即将发现的情况、比较的结果和评价的目标相联系，建立起趋同或离散的相关性、重要性等，然后得出意见；

（6）将发现的情况报告给利益相关方，即根据信息的理想程度，报告审计结论和审计结果。

尚德尔认为，审计是信息传输科学的组成部分。在信息与传输科学中，将数据和信息作了区分，认为数据是接受者从外部来源或自己的记忆中得到的冲动，而信息是接受者自己得出的结果、观念或认识。当数据为人脑所理解时，转化为信息。数据转化为信息的前提条件是：数据在接受者的视野范围内出现；数据能够被接受者所理解；数据能够为接受者所证实。

审计的对象财务报表是有关被审计单位财务状况和经营情况的一个概念和一个判断。这一陈述是财务报表数据金字塔的顶点，从塔顶逐渐向塔底延伸，依次是具体的会计数据。根据会计主体及其会计期间，可以确立一个个按照原始凭证记录组织而成的数据，原始凭证的总数就是该数据金字塔的基础；分类和汇总原始凭证的日记账是更高一层的数据结构，也是汇总、概括了的数据；将日记账中汇总数过入总分类账，数据量进一步缩减；接着是试算平衡表，直至生成财务报表。

审计的过程是对财务报表信息评价的过程，也是依据审计证据重新构建信息金字塔的过程，这一金字塔就像实际的财务报表数据金字塔的影像，审计的过程由此变成了两个金字塔是否能够完成较好对接的问题。

信息金字塔的形状是由它用来解释数据和作出推论的线索或者运用其内心世界的概念纲要来表示事件的线索所决定的。心理学文献中将信息的有组织的结构称为纲要。在这里，尚德尔借用了巴特利特（1958）的定义：“纲要是有关过去的反应和经验的活跃组织，它必能运行于人和经良好调节的器官的反应之中。”审计人员的纲要包括一系列的真实性标准纲要和规范纲要（或价值纲要），这些纲要构成了判断依据的标准。

数据的解释包括将数据纳入不同的纲要使之更充实。数据确立就是将数据组成系列或概念的过程，将生成的系列或概念加以比较，使之符合记忆中的纲要。推论是解释的结果，是按照纲要，运用知识和经验对数据作进一步充实，是与一系列数据相联系的数据解释的智力结构。

审计人员是数据接受者、评价者。数据一般会经历以下几个阶段：审计人员通过感官感受数据；审计人员对数据进行解释；审计人员对数据内容加以接受或否定；审计人员形成判断或推论。

4.1.1.2 基于知识理论的解释

R.K.莫茨和H.A.夏拉夫（1961）认为，审计学、历史学和法学都是依据证据来消除疑惑获得信念的研究领域（见表4-1）。审计是一个利用证据实现命题论证的过程，是一个探究的过程。证据是一种手段，通过它，能使我们确信无疑。

表4-1 三领域中证据的比较分类①

重要特征	法学	历史学	审计学
与证据相关领域的特殊目的	维护正义	解释和理解过去发生的历史事件	保护财务报表使用者的利益
与证据相关的论题	特定时间或地点发生的事件	时间和发展对人类组织和行为的影响	财务报表中的认定
收集和形成证据的方法	当事人双方的申述；合理的演绎推理和推论	收集现存的资料并进行严格查验	由利害相关或无关的当事人提供；由独立的当事人收集或形成；推理
判断者在证据收集和评价中的作用	被动的	主动的	主动与被动兼而有之
关于证据研究规则的性质	符合逻辑的假设；证据许可性和相关性的规则	外在和内在批评的法则	职业标准
时间在形成判断和收集证据中的重要性	支配因素	少许	支配因素
证据对判断形成的强制性	说服性	说服性	从绝对到说服性都有

美国哲学家皮尔斯（1877）用“疑惑”和“相信”来定义“探究”。他认为，疑惑是一种不适宜和不满足的状态，我们力争摆脱它进入相信状态。相信则是一种安全和满意的状态，我们希望进入这种状态或者转而相信任何别的事物。

① 本表根据R.K.莫茨和H.A.夏拉夫的研究整理而成。

相反，我们不仅坚信，而且只坚信我们所相信的，疑惑的刺激导致为达到相信状态而努力。皮尔斯将这种努力称为“探究”……探究的唯一目标是确立意见。

按照皮尔斯的观点，逻辑学为人们消除疑虑和评价信念提供了准绳。按照蒙塔古（1953）的定义，“逻辑学，就是探究能证实信念的妥当性和获得真实知识的最基本的规范的科学”。关于证据，逻辑学认为：

（1）信念必须有证据支持才合理；

（2）证据对人的思维有不同的影响；

（3）只有少数获得观念和信念的基本途径；

（4）这些认识方法的性质和妥当性不尽相同，所以无论哪一种方法，都不是包医百病的药方；

（5）每种认识方法都有各自的天地，只有在它的用武之地，这种方法才比其他方法更为有效。

R.K.莫茨和H.A.夏拉夫（1961）结合蒙塔古的逻辑方法分类，对审计证据、审计基本技术进行了分类，如表4-2所示。

表4-2　**逻辑方法、审计证据和基本审计技术的相互关系**

逻辑方法		申明的性质	审计证据	应用技术
怀疑主义	经验主义	被审计单位实物的存在 简单的数量状态	由审计人员检查 由审计人员核实	实物检查和盘点
	理性主义	数学的	由审计人员计算	验算
	权威主义	不在被审计单位保存的实物存在 过去的事项	独立第三者的陈述 权威性的文书 公司职员的陈述 辅助记录和详细记录	询证 文书检查 询问 记录检查
	权威主义 直观 理性主义 实用主义	非实物项目的存在 实物和非实物项目的不存在 质量状况 价值判断的数量	独立第三者的陈述 权威性的文书 公司职员的陈述 辅助记录和详细记录 满意的内部控制程序 公司和其他人员的期后活动与其他数据之间的关系	询证 文书检查 询问 记录检查 询问、追踪调查记账程序 检查文书、通查、观察 询证、询问、文书检查 其他数据的调整、通查

4.1.1.3　基于伦理决策理论的解释

按照伦理学对伦理（道德）行为的定义，当一个行为的实施，将会对他人和社会利益造成影响时，就可以从道德上对它进行评价。

在行为发生之前，行为个体面临着道德选择；伴随行为发生的他人的大量的心理活动，以及表现这些心理和思考的议论、评介和报道、讨论等，这些构成了道德评价。

审计的产生源于社会需求。因为财务报表使用者对财务报表信息的疑虑以及不同的财务报表信息具有不同的经济后果，再加上使用者无法凭借自身的能力经济有效地实现信息的确认，审计职业得以诞生。由此，可以认为，审计的过程是一个伦理决策的过程（R.K.莫茨和H.A.夏拉夫，1961；Silvoso，1972；Shaub & Lawrence，1996）。

谭艳艳（2008）认为，审计人员伦理行为的外在表现形式之一是在最大程度上提供信任。审计人员保持实质和形式上的独立是审计人员伦理行为的又一表现形式。

一方面，在现实的审计制度安排中，审计人员为社会提供信任，保障公众的利益不受被审计单位及其管理层的侵害；另一方面，审计人员受雇于被审计单位，被审计单位向审计人员提供审计费用，是审计人员的收入来源。当公众利益与被审计单位的利益存在冲突时，审计人员便陷入了伦理困境，面临着伦理决策的问题。

Shaub & Lawrence（1996）认为，信任是审计过程的固有的一部分。在审计过程中，审计人员必须决定在多大程度上信任客户的声明，而不是实施额外的审计程序以证明客户的可信任性。

4.1.2 职业怀疑在克服审计障碍时发挥的作用

基于三种不同的理论，让我们从不同的理论视角对审计过程有了新的认识，基于这样的视角也能让我们对审计过程中可能面临的障碍进行系统的审视。

依据尚德尔（1992）基于信息传输理论对审计过程的解释，信息传递过程中，存在着四种障碍：数据可能不被感觉到；数据可能被错误地接受；数据可能被错误地解释；对数据的正确解释可能导致不正确的推断。

依照R.K.莫茨和H.A.夏拉夫（1961）基于知识理论的解释，在审计过程中，审计人员在对有关财务报表论题进行论证过程中，可能面临不真实的证据，或者进行了不恰当的推理。

虽然信息传输理论和知识理论对审计过程中面临的障碍有着不同的分类，但这些障碍可以在认知心理学的视角上进行重新分类。我们不妨将两位专家识别的障碍分为两大类：知觉过程中的障碍和论证缺陷障碍。论证缺陷障碍又可细分为证据可靠性障碍、推理缺陷障碍。

4.1.2.1 职业怀疑克服知觉过程中的障碍

一个重要的数据知觉性障碍，来自于选择性知觉。选择性知觉，说的是人们总是对外来刺激有选择地进行加工处理。沃尔特·李普曼（1978）对这一现象进行了更直白的表述——“我们不是先看见再定义，而是先定义再看见。”事实上，人们会选择性地去感知那些他们期望和愿意看到的事物。

Bruner & Postman（1949）最早对人类选择性认知进行研究。Bruner & Postman认为：“我们的知觉结构在很大程度上是由我们的预期所决定的，这些预期建立在过去和情境的基础上。”

Jones（1971）、Wilson & Abrams（1977）、McMillen（1989）等的研究也都得出了相似的结论，人们的知觉受到了已有信念和预期的强烈影响。

对这一现象再进行证实是没有必要的，我们不妨看几个典型的例子。选择性知觉的一个经典的例子就是客队球迷总是认为主场球队受到了照顾，而主场的球迷也对裁判不满。哈斯托夫和坎特里尔（1954）的研究认为：“看上去这个比赛好像是许多不同的比赛——人们常说，不同的人对于同一事件持有不同的态度。事实上这种说法是不准确的……因为实际上对于不同的人来说，每件事情本身就是不同的。”

罗伯特·瓦伦、李·罗斯和马克·莱珀在1985年提出了另一个经典的例子，指出选择性知觉可能会导致每一党派的人都认为，大众媒体就某一事件的报道是偏向于其对立党派的。

选择性知觉导致的结果之一是证实性偏好。证实性偏好是指决策者偏好与假设一致的信息，而不是那些不一致的信息。如前面球迷的例子，客队的球迷在内心存在着主队受到照顾的假设，因此他们会对可以证实他们假设的证据格外注意，而对相反的证据置之不理。人们寻求证实性证据的倾向是广泛存在且业已确定证实的。

选择性知觉对于审计过程的威胁在于，审计人员可能因为心理预期和动机的影响，忽视了可能表明舞弊或者是重大错报的数据线索。

假设审计过程中，审计人员因为事前的某种不恰当的动机，或者对财务报表认定作出了不合理的预期，认为财务报表中的申明不存在问题。根据选择性认知理论，审计人员将对表明异常情况的迹象或证据表现出不敏感甚至是忽视，而对能够证实和解释财务报表真实可靠的审计证据保持敏感，从而导致了证实性决策偏差。

这时即便结论是错误的，审计单位也会喜欢，审计失败就此发生了。相反的假设又会怎样呢？如果审计人员最初对财务报告的真实性心存疑虑，作出了否定的假设，那么根据该选择性认知理论，审计人员将对可能证实其否定假设的证据保持敏感，而可能忽视了相反的证据。此时，如果因为证实性偏差，得出错误的审计结论，被审计单位绝不可能接受，进一步的审计在所难免，除非得出正确的结论。

分析后我们发现，相对于肯定假设导致的审计失败而言，否定假设虽然可能导致审计的无效率，但仍是我们所偏好的。作出这种消极假设的倾向，正是我们保证审计工作质量所希望采用的。杰弗瑞・J.麦克米兰和瑞查德・A.怀特的实证研究结果也支持了这一结论。

Snyder & Swann（1978）提出决策制定者一般使用下列某种信息收集策略：（1）严格审查后搜寻证实假设的证据；（2）搜寻否定其假设的证据；（3）对证实性和非证实性的事实投入同样的努力。Klayman & Ha（1987）支持了Snyder（1981）的结论，认为决策者倾向于证实性的证据。

Kida（1984）检验了审计师执行审计相关任务时的初始证据搜寻表现出了证实性倾向。她处理了假设框架，并发现失败组中的审计师相对于持续经营组的审计师选择了更多与失败相关的证据，这意味着证实性行为。然而，持续经营公司组的审计师也选择了更多与失败相关的信息，这又意味着非证实性行为。Smith & Kida（1991）认为，这种偏好失败信息的倾向符合职业法律环境，并将其称为“保守的”搜寻策略。在最近的研究中，保守行为意味着审计师将倾向于发现重大错报的搜寻策略。

Kida引用的心理学研究表明，被试具有很强的证实性倾向。也就是说，在测试一项假设时，个人更喜欢证实其假设，而不是否定其假设的证据。Kida认为，如果审计师使用证实性策略，那么最终的决策将在一定程度上受到初始假设框架的影响。然而，Kida发现证实性策略并不如心理学研究那般显著。然而，Kida发现无论是在持续经营或在经营失败的条件下，审计师更关注失败的信息，表现了保守主义。

Kida（1984）的研究，在很多研究中被进一步拓展。Trotman & Sng（1989）检验了在审计中是否有明显的证实性策略，因为在审计中收到信息后或提供了有关线索的证明力信息后判断是依次作出的。Anderson & Kida（1994）检验了固有假设来源对信息收集策略的影响。Butt & Campbell（1989）检验了假设测试策略对审计师判断的影响。所有这些研究的一个普遍结论是证实性偏差并不显著，但是这些研究的确发现普遍存在审计师对负面结果（保守主义）的特别关注。

相反，Bamber、Ramsay & Tubbs（1997）的研究发现在评价证据时，审计师表现出证实性倾向，因为他们对能够证实初始假设的证据更敏感。这个研究关注的是证据评价，而之前的研究考虑的是信息搜寻。

4.1.2.2 职业怀疑克服论证缺陷障碍

依据R.K.莫茨和H.A.夏拉夫的观点，审计是一个利用证据对财务报表申明相关的命题进行论证的过程。论证得出的结论或信念正确与否取决于使用的证据是否可靠，推理的过程是否逻辑严密。

证据的可靠性取决于证据来源的性质，对可靠性构成威胁的常见情形包括利益相关方和专业胜任能力两个方面。利益相关方指的是证据的提供方可以通过提供的证据获取某种潜在的利益。在审计中，被审计单位、管理层、被审计单位的内部审计人员等都是明显的利益相关方。尽管并非所有的利益相关方都会提供虚假不实的信息，但也不能指望利益相关方可以提供完美无暇的信息。审计人员保持职业怀疑，意识到利益相关方的存在，意识到相关证据的强制力存在缺陷，就可以扬长避短，采用扩大审计程序、收集佐证证据等方式，提高审计证据的质量。

专业胜任能力对证据可靠性的威胁主要表现为对证据强制力的影响。我们不能指望普通的审计人员具备保险精算的专业知识，能够完成保险合同的准确估值。当审计人员利用专家工作时，关注专家的胜任能力和工作程序便是审计人员保持职业怀疑、提高审计证据可靠性的必要手段。

此外，人作为论证过程的执行主体，会受到自身思维习惯和其社会性的制约。在论证的过程中需要思考主宰，而人却往往依赖于感觉。感觉是包括情感、情绪和欲望的主观反应，感觉从来不能替代思考，感觉是极不可靠的，感觉需要检验才能信赖。

因为人们依赖感觉，所以常常出现视角匮乏、无根据假定、盲目遵从、反对变化的偏见等问题。以无根据假定为例，常见的情形包括：假定人的感觉总是值得信赖的；假定一个想法被广泛报道，那它一定是真的；假定拥有某些理由就证明某人已经从逻辑上进行了推理；假定多数人的看法是正确的；假定表象是值得信赖的。很显然，这些无根据的假定都将导致不合理的结论。

审计人员如果在审计过程中采用了这样无根据的假定，审计的结果就可能存在重大瑕疵，甚至有可能导致得出不恰当的审计意见和结论。职业怀疑要求审计人员依据证据说话，依靠专业的经验进行思考，有效地降低类似的审计缺陷发生。

多年的心理研究至少揭示了这样一条不言而喻的真理：即使是最具善意的人也会无意地在其貌似客观的决定中受到无意识的思想和感情的影响。我们都具有耶鲁大学大卫·阿莫所说的“客观性的幻觉”（Banaji，Bazerman，Chugh，2003）。

（1）含蓄的偏见

相关研究不幸地发现，社会仍然倾向于认为暴力行为是黑人而非他人所为。

这是一个大家希望消除的偏见，但还有很多偏见我们仍然没有意识到，比如年龄。当首次会见新客户的CFO时，面对的是一位满头银发的老人，审计人员是否会立即形成某些成见？是否会认为这样的人更有经验，更成熟或睿智？或者是否会认为这样的人行为（或思维）更迟缓、落伍？如果面对的是一位30岁以下的CFO，又会怎样呢？开朗、富有活力？没有经验、天真无知？

我们日常和无意识地进行联系是含蓄的偏见产生的原因。尽管这些联系的初衷并无恶意，仍使我们犯下严重的错误。例如，我们常常过度依赖了某些人（银发老人或者年轻的）。

（2）组中偏好

我们都喜欢那些令我们愉悦的人。这一理念会影响到我们如何选择朋友和职业同伴，也影响到我们相信、依赖和信任谁。因此在工作中，我们必须提醒自己是否常常相信、依赖和信任毕业于同一院校的校友、曾经共事的同事、具有同样信仰或频繁出入同一社会圈子中的人。

（3）偏向能使自己受益的人

一个人可能会以各种方式令你受益，最直白的方式就是财务利益。SEC的独立性规则，就是旨在应对这种利益冲突。但是人的交往很容易产生这种固有的偏向，特别是在商业中的交往。这些偏向将无意中扭曲决策。

研究表明，当我们有动机达成某一结论时，我们通常能够做到。我们常常无意识地、批判性地审查并低估与我们要达成结论抵触的事实，也常常毫无批判地接受支持我们立场和结论的证据。是不是好的审计人员并不重要，仅仅因为我们都是人。

这些无意识偏差产生的根本原因在于，审计人员相信了感觉，而不是证据，而恰恰审计业务活动中存在着诸多诱使人诉诸感觉而不是证据的因素。比方说，模糊性、依赖、认可、熟悉的关系、对未来间接后果的忽视等。

对事物的量化过程实际上都要涉及模糊性的问题。对于审计结论，财务报告的阅读者看到的只是几种类型的审计意见，比如说标准无保留意见、保留意见、否定意见等。而实际上，每种意见类型，都是一个模糊的概念。只要存在解释信息的不同方式，偏差就会盛行。还有比GAAP更具模糊性的吗？

人类是有习惯的生物，常常想保持现状。因此，我们自然想去保持客户关系、客户基础，不是因为贪图佣金，只是我们对客户有些依恋。

当一个人处于支持、赞同某人判断（而不是个人独立作出判断）的情形下，将出现更大的偏差。例如，当我们被要求接受客户的激进会计处理时，为保持某一商业关系的依恋偏差就很容易发生。

与审计人员与客户的关系伴生的偏差可能因为人性的其他方面而得以放大。

面对陌生人，人很自然地更愿意以与陌生人意愿相反的方式行事。很显然，这一人性将影响审计人员对长期客户的职业怀疑。私人联系将激化这种偏差，尽管在很多时候，熟悉滋生漠视，但也产生了关系并且我们大多数不愿意打破长期的关系。

对直接的后果（比如坚持调整会计报表将导致客户流失），我们更愿意作出应对，而对延迟的、不确定的后果（如未来的重述、诉讼或者对事务所声誉的损害等）常常反应缓慢。

人很容易犯下小错误或者疏忽，尤其在无意识的偏差之后更容易。但是，我们都知道，这些小错误随着时间的积累可能会成为大问题。那时，审计人员将难以回避以前的错误，承认本人的偏差。这常常比把愚蠢的错误有意地掩盖起来更难，就像水门事件一样，掩盖比原来的问题更严重。

人类本质上具有社会性，因此人们的判断和决策很容易受到社会因素的影响。即使在独自决策时，人们也常常根据他人会作如何评价的预期来决定自己的行为。

毫无疑问，造成这些缺陷的根本原因都是审计人员相信了感觉，而不是客观地评价证据。例如对于管理层诚信状况的判断，职业怀疑态度要求注册会计师凭证据“说话”。职业怀疑并不要求注册会计师假设管理层是不诚信的，但是注册会计师也不能假设管理层的诚信就毫无疑问。这样的一种态度，对于保证审计质量是有益的。

Solomon（1987）在文献回顾中定义了两种类型的多人参与流程：审计团队（audit teams）和审计组（audit groups）。审计团队指审计判断在一个有层级的、有顺序的和重复的复核流程中作出。审计组指联合（同时）多人进行的判断决策制定。当这些组员互动时成为互动组，当他们的判断统计合并到一起，没有互动时，称为合成组。较早的研究关注复核过程是否提高审计判断，而且这种提高是否比其他形式的审计组（互动式、合成式）更显著。例如，Libby & Trotman（1993）发现复核者和被复核者的知识存在差异，这使得与初始判断不一致的证据得到了适当的考虑。这种差异使得复核流程获益，也对为什么事务所采用分级的复核流程提供了一种解释。

4.2 有关职业怀疑作用机理的研究回顾

Shaub & Lawrence（1996），Hurtt（2005，2007，2008），Quadackers、Groot & Wright（2007，2009）以及 Nelson（2009）分别依据不同的理论基础构建了审计职业怀疑作用模型，研究审计职业怀疑的作用机制。

4.2.1 Shaub & Lawrence 的职业怀疑模型

Shaub & Lawrence（1996）引入信任和怀疑模型，构建了职业怀疑作用模型。模型中将职业怀疑定义成道德倾向、经验和情境因素三个变量的函数，并使用结构方程对三个因素与职业怀疑的关系进行了评价。结果发现支持情景伦理的审计人员对职业怀疑和职业道德关注不够，具有注册会计师资格的审计人员相对于其他同事缺乏职业怀疑，并指出应该引起审计人员重视的情况包括：关联方关系及交易、财务压力、与客户沟通存在问题等。

Shaub & Lawrence 的职业怀疑模型依据 Kee & Knox（1970）的信任和怀疑模型构建，具体模型如图 4-1 所示。

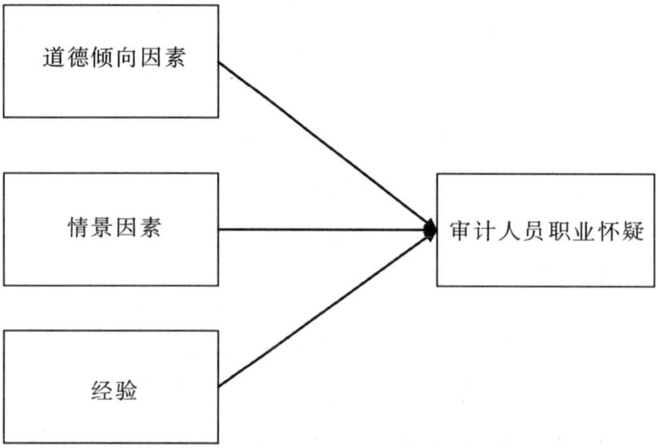

图 4-1　Shaub & Lawrence 的职业怀疑模型

在具体的情景分析中，Shaub & Lawrence 对职业怀疑模型进行了可操作化处理，如图 4-2 所示。

在 Shaub & Lawrence 的职业怀疑模型中，职业怀疑是道德倾向因素、已有的会计经验和情景因素的函数。

道德倾向因素包括个人的动机指向、人格因素和态度。一般用相互独立的三个因子对道德倾向因素进行检验：道德观、对职业道德的关注和伦理理性。

模型中，对于道德观，研究者使用了理想主义和相对主义作为两个坐标，建立道德观的直角坐标。研究者认为，理想主义的道德观与职业怀疑具有正相关关系，相对主义道德观往往忽视道德问题，与职业怀疑具有负相关关系。研究者认为，对于职业道德的关注与职业怀疑具有正相关关系，较高水平的伦理理性将导致较高水平的职业怀疑。

研究者对已有的经验采用审计执业年限和资格认证进行衡量，认为具有较多

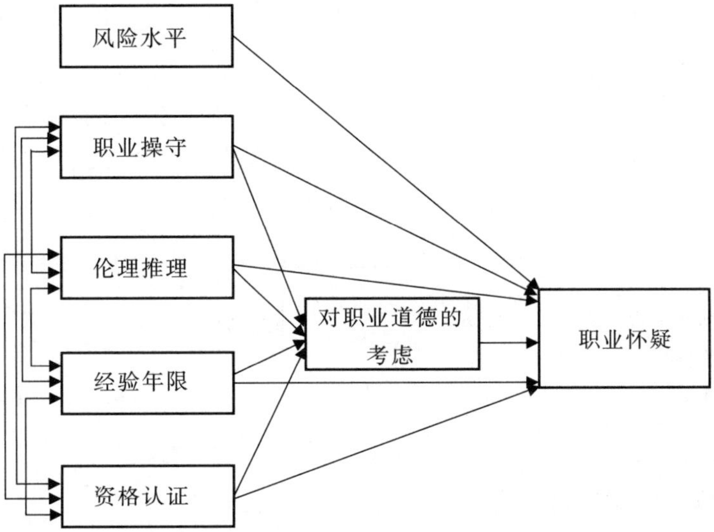

图 4-2　Shaub & Lawrence 可操作职业怀疑模型

审计经验的审计人员表现出较高的职业怀疑水平。

对于情景因素，该模型主要关注的是可能表明舞弊或错报的风险因素，并采用舞弊三角理论对风险因素进行了分类，主要关注舞弊与违法的机会、舞弊与违法的动机和舞弊与违法发生的合理化态度。当出现表明舞弊风险的因素时，审计人员应表现出较高的职业怀疑水平。

Shaub & Lawrence 的职业怀疑模型源于伦理学的相关理论，采用了审计过程的伦理行为视角，将职业怀疑视为伦理行为意向进行研究。

4.2.2　Kathy Hurtt 的职业怀疑模型

Hurtt（2005，2007，2008）认为职业怀疑是一种性格，是审计人员固有的性格。职业怀疑是审计人员个人固有的一面，类似于其他的个性特征，如好奇、认真和性格外向。Kathy 解释说审计人员个人将他们天生和固有的怀疑带入到职业怀疑环境中，并将它聚焦于审计业务中出现的职业问题或事件。研究者认为，具有职业怀疑性格的审计人员，将表现出明显的职业怀疑行为。

Hurtt 的职业怀疑模型如图 4-3 所示。

4.2.3　Nelson 的职业怀疑模型

Nelson（2009）在对职业怀疑研究文献梳理的基础上，借鉴 Hurtt、Shaub 等人的职业怀疑模型，构建了审计职业怀疑影响因素的作用模型，如图 4-4 所示。

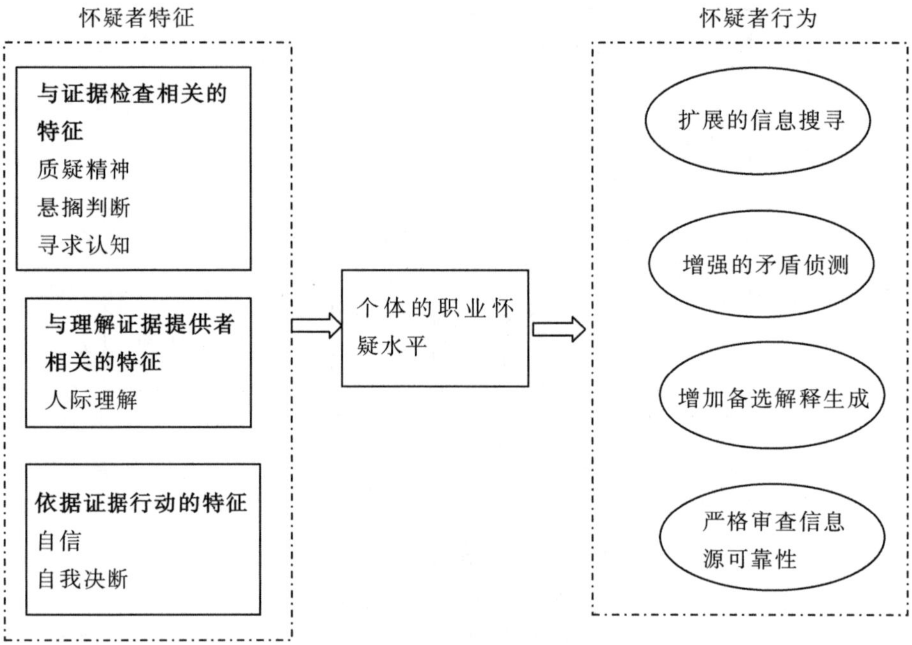

图 4-3　Hurtt 的职业怀疑模型

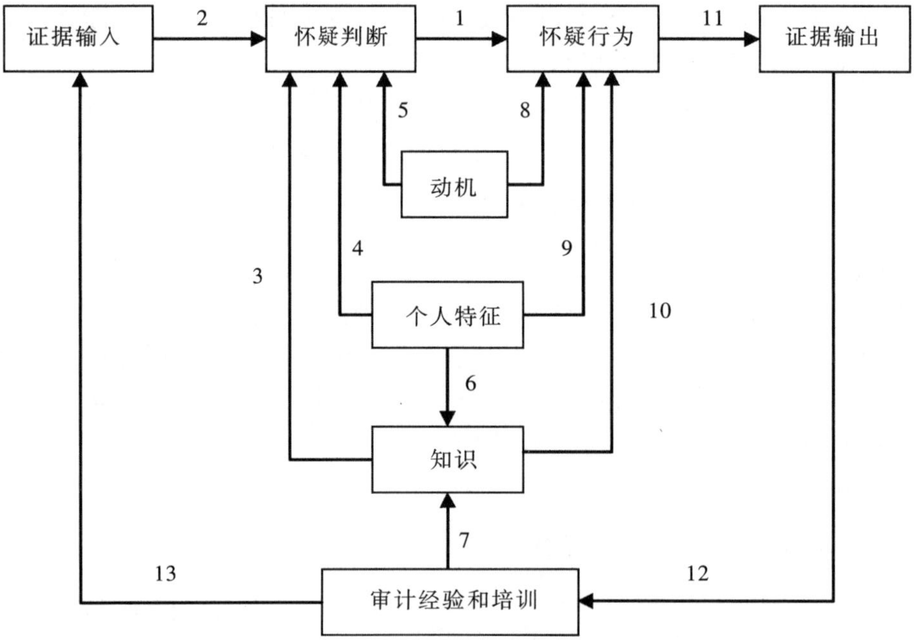

图 4-4　Nelson 职业怀疑影响因素模型

在模型中，Nelson认为职业怀疑是审计判断的一种结果，反映为怀疑性行动，因此职业怀疑是审计师绩效的一种属性。证据为职业判断过程提供了信息输入（Link 2）。当输入的初始证据信息可能仅仅包含客户的背景信息时，职业怀疑能影响最初的审计计划；当输入的证据包括审计过程中累积的各种证据时，职业怀疑能够影响审计意见的选择。

对判断过程的其他输入信息包括审计人员的知识（Link 3）、其他的非知识的特性——审计人员的特征（Link 4：如智力、怀疑的倾向、自信等），以及审计人员的动机（Link 5）。依据Libby & Luft（1993）的观点，Nelson将审计人员的知识看成是审计人员特征（Link 6）和工作经验（包括训练，Link 7）的联合函数。

职业怀疑判断是否能转化成职业怀疑行动不仅取决于审计判断中职业怀疑的程度，而且取决于审计人员的动机（Link 8）、特征（Link 9）和知识（Link 10）。对职业怀疑判断和职业怀疑行为的区分实际上要说明的是职业怀疑必须达到阈值才能激发相关的怀疑行为，而且审计人员实际上是否表现出了职业怀疑还要受到审计人员知识结构（例如，会计和审计准则的一些要求）、审计人员特征（例如，自信）以及动机（是否有时间预算的压力、采取的审计行为是否会招致被审计客户的不满等）等的影响。

职业怀疑行为能够改变审计人员可得证据的数量和性质，审计人员会考虑这些证据，并形成经验和知识。因此，这个模型是递归的，证据被吸收，形成判断，采取行动，行动获取进一步的证据（Link 11），证据又变成审计人员经验的一部分（Link 12），这些证据也会变成未来流程中的证据输入（Link 13）。

该模型综合了之前在会计和心理学领域的很多研究成果。这些成果包括：Hurtt（2007）通过对审计准则和相关的哲学文献的研究，建立了怀疑性格与怀疑行为关系模型；Shaub & Lawrence（1996）利用Kee & Knox（1970）的研究结果，构造了审计人员特征、情景因素和经验与主观信任或怀疑水平，进一步导致怀疑行为的关系模型；Trevino（1986）道德决策模型认为人格特征和具体的情景因素（如动机）交互作用影响道德决策过程等。

4.2.4 其他关于职业怀疑作用机制的研究

Quadackers、Groot & Wright（2007）检验了审计人员怀疑倾向的四个影响因素的关系，并探究哪些因素与审计人员的怀疑行为最紧密相关。比较的四个怀疑倾向决定因子是：（1）人际信任；（2）悬搁判断；（3）控制环；（4）全面的职业怀疑量表。而且，他们也对管理层控制理念对该关系的影响强度进行了研究。结果显示，决定因子对怀疑行为的影响强度是不一样的。整体而言，人际信任在预测怀疑行为方面具有最强的解释力。

Plumlee、Rixom & Rosman（2011）认为，准则暗示着职业怀疑可以被看作诊断性归因过程，并指出诊断性过程包括发散性思考和聚焦性思考两种认知技巧。发散性思考让审计人员为异常证据寻找解释；聚焦性思考让审计人员消除不适宜的解释。研究者准备了培养这些技巧的素材，并以四大事务所中的三个所的审计人员为被试检验了效果。研究发现，发散性思维训练增加了解释的生成数量和质量；同时接受发散性和聚焦性思维训练后选择正确解释的概率是只接受发散性思维训练时的四倍。

4.3 有助于保持恰当职业怀疑态度的建议

根据前文的观点，职业怀疑是一种态度系统。社会心理学家（菲利普·津巴多和迈克尔·利佩，2008；斯科特·普劳斯，2004）指出，人们之所以持某种态度，是因为态度具有满足人们某种需要的功能。态度具有明显的内在性，如认知、情感等内部心理过程，也具有明显的外显性，如它在某种程度上会决定人的行为等。

依据尚德尔（1992）的观念，审计人员获取审计证据，并通过将审计证据与审计人员内心的信息纲要进行联系，形成解释和判断。职业怀疑就是在这一判断过程中触发的，是否形成恰当的纲要，很显然是能否触发职业怀疑的关键因素。审计人员的纲要包括一系列的真实性标准纲要和规范纲要（或价值纲要）。这些纲要构成了判断依据的标准。

真实性标准纲要是由审计人员通过资格认证、知识学习、相关工作的经验以及培训等因素逐步形成的；规范纲要或者价值纲要是由社会环境和文化、行业文化和规范、法律环境、组织文化规范等作用于审计人员后形成的。

因此，有助于审计人员保持恰当职业怀疑态度的措施可以从三个方面进行考虑，除了提升前两类的信息纲要水准，还需要在审计人员的遴选上多做工作，以便找到更适于审计工作的专业人员。

4.3.1 有助于提升真实性标准纲要的措施

职业怀疑受到个人行为特征和实施审计的人员的能力水平（如知识）影响。这些又受到教育、培训和经验的影响。

Carpenter、Durtschi & Gaynor（2002，2008，2009）研究了经验、法务会计培训、合伙人等对职业怀疑的影响。Carpenter、Durtschi & Gaynor（2002）检验了经验在提高审计人员职业怀疑、知识获取和侦测舞弊能力方面的作用。研究表明典型的审计环境并不能为审计人员提供舞弊审计实务和反馈的经验，而这是成功侦测舞弊所必需的。研究的结果表明，接受了舞弊审计实务训练和反馈的审计新手相对于典型审计环境下成长的审计人员表现出了高水平的职业怀疑（赋予了一个错报更高的舞弊诱发概率，而不是错报诱发），关于舞弊的知识，也能更好地侦测舞弊。

Carpenter、Durtschi & Gaynor（2008）检验了进行法务会计培训对学生的怀疑和舞弊相关判断的影响程度。研究表明，专门的课程训练导致了较高的怀疑水平，专门针对舞弊的法务会计课程的效用具有持久性。

根据研究者对20多位审计人员的开放式访谈的结果，会计专业知识、有关舞弊的知识、企业经营方面的知识、被审计单位行业的专门知识、企业内部控制知识、企业战略方面的知识等都是审计人员认为对于保持恰当职业怀疑很重要的影响因素。

一位合伙人认为，ACCA的资格认证中的知识体系相较于我国原有的CPA资格认证知识体系更合理，这也从一个侧面说明了我国目前注册会计师考试资格模式改革的必要性和有效性。

4.3.2 有助于提升规范纲要的措施

项目组的职业怀疑也受到事务所领导和业务合伙人行为、事务所的文化和商业环境的影响。ISA和ISQC中包括了要求和指南，它们有助于在事务所和业务层面形成一种环境，在这种环境中审计人员可以培育恰当的职业怀疑。

（1）改善事务所文化

事务所的领导，以及其树立的榜样对事务所内部文化有着显著的影响。相应地，“高层的基调”和对审计业务中职业怀疑重要性的持续强调对个人行为有着重要影响。

事务所设定关于职业怀疑的期望、强调职业怀疑的重要性的机会，举例来说，包括：

确立政策和程序，提升一种强调执业中质量重要的内部文化。

通过事务所管理高层明确、一致和经常的行为和信息推进质量导向的内部文化，可以通过训练研讨、会议、正式或非正式的对话、任务公告、新闻通讯或者简短备忘录等方式进行传递。这样的行动和信息鼓励认可和奖励高质量工作的文化，并且也可以包含在事务所内部文件、训练材料以及合伙人与员工的评价体系中，以至于这些支持并强化事务所对质量重要性的看法以及在实务中如何达到目标。

确立政策和程序，以保证事务所拥有具有必要的胜任能力、专业能力以及信守道德原则的充分的员工。这方面，培育质量导向的内部文化可以通过绩效、评价、补偿以及升迁制度（包括激励）的确立来完成，这些制度认可并奖励员工发展和保持胜任能力。

建立和实施针对事务所全体员工的内部培训和后续教育方案。这可以通过工作经验、在职培训、导师以及独立性教育等形式完成。值得注意的是，事务所员工持续的胜任能力一定程度上依赖于适当的后续职业发展水平。

（2）改进审计工作机制

在业务层面，项目合伙人需要对指派给他的每一个审计项目的质量全面负责。项目合伙人的行为和传递给其他项目组成员的适当信息强调在审计业务实施中质量是必要的，以及对审计质量重要的影响因素，例如，项目组成员不惧怕报复行为关注问题以及具体情况下发表适当审计报告的能力。

Carpenter & Reimers（2009）研究了合伙人强调职业怀疑、舞弊出现对审计人员舞弊风险因子识别、审计人员舞弊风险评估以及审计程序选择方面的影响。实验结果表明当舞弊出现时审计人员舞弊风险评估值更高；当合伙人强调保持职业怀疑态度时相对于不怎么强调审计人员舞弊风险评估值更高。

有趣的是，当舞弊出现时，只有在合伙人强调职业怀疑时，审计人员才根据风险评估结果选择适当的舞弊审计程序。在识别舞弊风险因子的过程中，情形相同。这些结果对于准则制定者和学术研究者都是有意义的，正如他们所强调的审计合伙人应该给审计人员评估舞弊设定恰当的基调。

在项目组中讨论和强调在审计中保持职业怀疑重要性的理想时机是在项目合伙人和其他重要项目组成员讨论被审计单位财务报告重大错报可能性的时候。

讨论包括适合被审计单位实际情况和环境的财务报告框架的应用，特别强调财务报告什么地方以及会怎样受到舞弊导致的重大错报的影响，包括舞弊可能怎样发生（把项目组成员对管理层和治理层诚实和正直的信念放下）。这种讨论也为项目组成员沟通和分享新的信息建立了基础，这些信息可能影响风险评估或者实施的审计程序。

项目合伙人接下来确立关于职业怀疑的期望，并且强调职业怀疑重要性的机会包括：

对执行工作的复核。这方面，业务合伙人，特别是有知识和经验的业务合伙人，通过复核重要的判断、特别风险等辅导经验较少的项目组成员形成批判和质疑的思维方式。及时复核也会使重要的问题（例如，重要的判断，特别是与那些审计过程中发现的难题以及有争议的问题相关的判断）在审计报告日之前得到解决。

项目组对难题或者有争议的问题进行了适当咨询，审计结论基于实施的咨询得出。

尽管在事务所层面和业务层面的活动有助于职业怀疑思维，然而保持职业怀疑是每个审计人员的责任。像职业判断一样，在审计的整个过程中，需要职业怀疑。

在整个审计过程中保持职业怀疑的审计人员可以降低忽略了异常情况，根据审计情况得出结论时过度推论，或者在决定审计程序的性质、时间和范围及评价审计结论时的风险。

5 勤勉尽责：保持职业怀疑的核心要求

Beasley、Carcello & Hermanson（1999）研究表明，1987年至1997年十年间SEC对审计失败的处罚案例中，缺乏职业怀疑排在十大审计失败原因的第三位，占到60%，而排在前两位的收集证据不足和职业关注不够似乎同职业怀疑还有着千丝万缕的联系。无独有偶，美国和加拿大等国的监管机构在调查“中国概念股”事件后得出结论，认为审计人员缺乏职业怀疑是导致审计失败的主要原因之一。

那么，审计人员该保持怎样的职业怀疑才算是适当的呢，或者说审计人员保持职业怀疑的核心要求是什么呢？要回答这个问题，审计失败案例和当前的审计职业规范是正反两面的研究资料。有鉴于此，我们对2006年以来注册会计师协会组织审计质量检查获得的审计缺陷案例进行了有针对性的分析，与此同时对审计准则进行了系统的研究。通过研究，我们认为，如果审计人员在执业的过程中能做到下列四个方面，实质上就达到了保持审计职业怀疑的核心要求。

5.1 善尽关注：排除审计合理怀疑的应有态度

《中国注册会计师职业道德守则》要求：“注册会计师应当保持应有的关注，遵守职业准则和职业道德规范的要求，勤勉尽责，认真、全面、及时地完成工作任务。”

应有的关注原则，要求注册会计师在履行专业职责时严格遵守职业准则和职业道德守则的要求，具有专业胜任能力，具有一丝不苟的责任感，并保持应有的谨慎态度。应有的关注是服务于审计目标的，与审计人员所处的环境、使用的审计方法和理念紧密相关。

刘明辉（1997）认为，在独立审计业务过程中，为了有效履行审计责任，审计人员应始终保持应有的职业谨慎态度，并恪尽应尽的关注。审计人员应尽的关注主要包括：（1）对那些如果不被被审计单位遵守就将对会计报表产生重大影响的法律、法规予以充分关注；（2）对已审会计报表文件中包含的其他诸如管理当局的经营报告、财务概述、资本支出计划等信息保持关注；（3）对被审计单位的持续经营能力保持关注。在目前的审计环境下，审计人员该保持的职业关注已经发生变化。

5.1.1 风险导向审计带来的挑战

一般认为，风险导向审计兴起于20世纪70年代末80年代初，其成熟以美国注册会计师协会下属的审计准则委员会发布《审计准则公告第47号——审计风险与重要性》为标志（刘明辉，1997；Ricchiute，1998；胡春元，2001；唐建华，2012）。

AICPA在其2006年发布的“Audit Guide Assessing and Responding to Audit Risk in a Financial Statement Audit”中给出了风险导向审计的完整审计流程，如图5-1所示。

在风险导向审计模式下，审计被视为一个控制审计风险的过程。审计过程中，首先识别和评估重大错报风险，然后针对评估的重大错报风险采取应对审计措施，最终通过获取审计证据将审计风险降低至可接受的低水平。由此可见，重大错报风险的识别、评估和应对是风险导向审计工作的主线。

具体而言，重大错报风险的识别和评估是审计工作的导向标，是审计人员正确应对重大错报风险的前提。在风险导向审计模式下，审计资源依据风险评估结果向高风险领域倾斜。针对评估的财务报表层次和认定层次的重大错报风险，审计人员要分别予以应对。对于高风险领域，审计人员要更谨慎，配备足够的、能胜任的审计人员队伍，加强小组讨论、监督、指导和复核；加大审计的不可预测性；选取能获取更为可靠相关审计证据的程序，如对交易进行外部函证等。

在风险导向审计模式下，审计工作重心前移，减少对实质性测试的依赖。在制度基础审计模式下，审计人员依靠控制测试和实质性测试降低审计风险；在风险导向审计模式下，审计人员依靠对被审计单位经营情况的深入了解、分析程序、内部控制评价和实质性测试等多种途径降低审计风险。

唐建华（2012）认为，实施风险导向审计对审计项目组成员的知识结构和能力提出了更高的要求。首先，审计项目组成员仅仅掌握会计和审计方面的知识是远远不够的，还必须掌握系统论、战略管理、市场营销、风险管理与内部控制等相关知识。其次，审计人员要提高职业判断能力，要学会用知识来审计，而不是依靠“数豆者”的耐心和简单劳动来审计。再次，审计人员需要掌握新的证据收集技巧，包括如何测试高层次的内部控制、如何运用复杂的分析程序等。最后，审计人员需要加强沟通技巧。在风险导向审计模式下，审计人员在审计过程中需要通过大量的访谈获取审计证据。

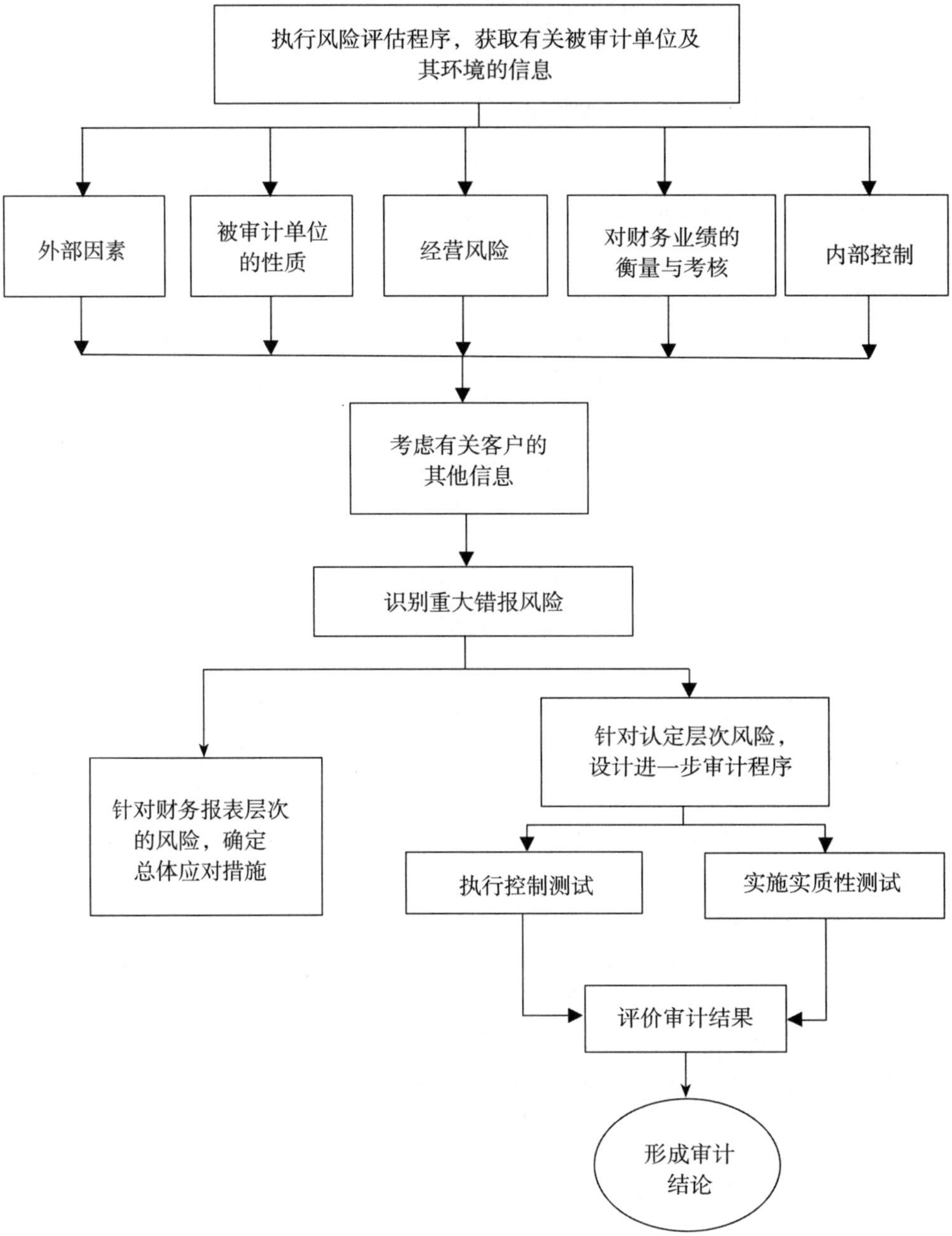

图 5-1　风险导向审计流程图

5.1.2　执业中审计人员要重点关注的领域

在风险导向审计模式下，审计人员不仅要保持审计工作必需的专业胜任能力，还需要对各种可能导致重大错报风险的事项和情况保持持续的关注。

5.1.2.1 对专业胜任能力的关注

专业胜任能力是指审计人员具有足够的专业知识、职业技能和职业经验。审计人员提供专业服务首先必须具备会计、审计、财务、税务、相关法律、公司战略与风险管理、信息技术以及其他相关知识。

在风险导向审计模式下，被审计单位所处行业的状况、法律环境和监管环境等都是需要重点关注的。这些决定了被审计单位商业模式的竞争力和风险。按照张化桥（2010）的观点，分析企业最重要的变量无非是三个：一是诚信；二是商业模式；三是执行力。

不同的行业，商业模式是不一样的，同一行业的不同企业也会有差异，同一个企业可能有几个业务板块，商业模式也是不一样的。对商业模式的考虑，一般会考虑是轻资产型或重资产型，劳动密集型或资本密集型，自营或代工，顾客是集中几家还是面向大众，成本如何确定，产品价格是受管制还是完全放松的，业务量可以放大和延伸还是一个萝卜一个坑。

就图书出版行业来说，出版企业一般是轻资产型的，出版企业的核心竞争力是编辑实力。大多数的出版企业是以自身生产图书并面向读者销售实现运营。因为每个出版企业的图书板块不同，其产品有可能是面向大众的，有可能是面向集体采购客户的，也可能是完全定向供应的。每一种方式其风险也是不一样的，而在该领域中，一个出版企业的竞争力也是有差异的。出版业务的成本主要取决于纸张、印刷和稿酬，这些因素会随着行业市场的整体变动而变动。图书产品的价格几乎是不受管制的，主要由市场决定，市场供需因素是主要的风险因素。图书出版业务量具有放大效应，不是一个萝卜一个坑，一本图书的销量上限可以是足够大的，取决于图书的品质和推广的情况。

对被审计单位盈利模式的深入了解，有利于抓住风险因素，识别出重大的错报风险。审计专长的很多研究结论，也支持了这一观点。

职业技能主要指审计人员掌握和运用专业知识应对职业环境中实际问题的能力，包括技术技能、应用能力、人际和沟通能力等。在风险导向审计中，分析程序和询问在风险识别和评估中发挥着重要作用，审计人员要有针对性地持续提高相应的能力。

全国统一的注册会计师考试制度为审计人员获取基本的专业胜任能力提供了基础保证。我国《注册会计师法》和相关考试制度要求，只有具有高等专科以上学校毕业的学历或者具有会计或者相关专业中级以上技术职称的中国公民，才能申请参加注册会计师全国统一考试。统一考试分为专业和综合两个阶段。只有两个阶段考试合格，并从事审计业务两年以上，才能申请注册。

对于专业胜任能力的保持，《中国注册会计师协会会员继续教育制度》要求，注册会计师继续教育每两年为一个考核周期，即从起始年度的1月1日至次年的12月31日止。在每个考核周期内接受的继续教育时间累计不得少于80个学时，且任何一年均不得少于30个学时。

审计人员在执行具体审计业务时，专业胜任能力可以通过项目组审计人员合理配置达到，也可以通过利用外部专家的工作来弥补。

5.1.2.2 对可能造成重大错报领域的关注

由于在某些领域，事件的影响具有广泛性，而且常常涉及管理层的判断，审计人员要格外小心。这些可能造成重大错报风险的领域包括但不限于会计估计、关联方关系及交易、法律法规、衍生金融工具等。

会计估计，一般包括在估计不确定性时以公允价值计量的金额以及其他需要估计的金额。除公允价值外，其他需要作出会计估计的例子包括坏账准备、存货跌价准备、产品质量保证义务、折旧方法或资产预计使用寿命、针对投资计提的减值准备、长期合约的结果、由于了结诉讼或判决产生的成本等。会计估计涉及管理层的判断，出于管理层的利益考虑，可能会有意歪曲会计估计值，以实现企业的自身意图。因此，在审计中，对该领域要格外关注，要评价会计估计中管理层使用的重要假设的合理性，这些假设是否产生特别风险；考虑会计估计或者方法的变化在具体的环境下是否适当；复核管理层在进行会计估计过程中作出的决策和判断是否有迹象表明可能存在偏差。

在中国注册会计师协会依据2009年至2011年对证券资格事务所执业质量检查中积累的相关资料编写的相关案例中，我们看到涉及商誉、资产减值、无形资产、重组过程中公允价值计量等问题，都是注册会计师协会重点关注的风险领域，相关的审计问题也是比较多的。

关联方交易，是在关联方之间发生的交易事项。根据关联方的定义，关联方之间具有控制或者重大影响。控制是指有权决定一个实体的财务和经营政策，并能据以从该实体的经营中获取利益。重大影响是对一个实体的财务和经营政策有参与决策的权利。由于这样的利益关系，关联方交易往往与公平交易不同，可能存在利益输送和利益分配不符合市场规律的情况。因此，关联方关系及其交易可能导致关联方交易相比非关联方交易具有更高的财务报表重大错报风险。

被审计单位需要遵守的所有法律法规，构成注册会计师在财务报表审计中需要考虑的法律法规框架。某些法律法规的规定对财务报表有直接影响，决定被审计单位财务报表中报告的金额和披露，如电力生产企业；有些法律法规规定了被审计单位开展经营活动的条件，但不会对财务报表产生直接影响，如对营养保健类图书的出版规定等；某些被审计单位属于高度管制行业，如银行、保险等。违反法律法规可能导致被审计单位面临处罚、诉讼或其他对财务报表的重大影响的后果。例如，当对不合规或者涉嫌不合规问题实施其他审计程序时保持警惕，这些不合规问题可能对财务报告造成重要影响，或者对被审计单位的经营产生根本的影响，造成其停业，或致使对其持续经营产生疑问。

2011 年 12 月，IAASB 发布"Economic Conditions Continue to Challenge Preparers and Auditors Alike; Focus Must Include Going Concern Assumption and Adequacy of Disclosures"，强调，当存在重要的不确定时，事件或者状况单独或者一起使得被审计单位持续经营能力令人质疑时，评价财务报告披露和审计报告影响过程中职业怀疑和判断的重要性。它也引用了 2009 年 IAASB Staff Audit Practice Alert， Audit Considerations in Respect of Going Concern in the Current Economic Environment，强调了在准备财务报告时，考虑持续经营假设过程中一些重要的相关问题。

另一个职业怀疑特别重要的例子是审计重要的异常或高度复杂的交易。2010 年 IAASB Staff Q&A publication， Auditor Considerations Regarding Significant Unusual or Highly Complex Transactions，强调审计这样的交易时，审计准则的这些考虑是必要的，指出这些问题的性质可能造成财务报告重大错报风险，相应地值得审计人员高度注意。

5.2 合理质疑：确保发现可疑线索的基本条件

"所谓线索是指有助于我们分析数据和作出判断的任何东西。我们也可以说线索是有助于我们解决问题的任何东西。线索是我们能够感受到的数据或一组数据。危险在于我们可能没有发现或甚至没能意识到线索的存在。线索可能反映在一个替代物或几个替代物之间的关系上。发现表明可能存在不合理现象或有一个替代物不真实的线索，对审计人员来说是头等重要的。"（G.W.尚德尔，1992）

5.2.1 对审计证据的合理质疑

《中国注册会计师鉴证业务基本准则》指出："鉴证业务通常不涉及鉴定文件记录的真伪，注册会计师也不是鉴定文件记录真伪的专家，但应当考虑用作证据的信息的可靠性，包括考虑与信息生成和维护相关的控制的有效性。"

《中国注册会计师审计准则第 1141 号——财务报表审计中与舞弊相关的责任》在"职业怀疑"一节指出："除非存在相反的理由，注册会计师可以将文件和记录作为真品。但如果在审计过程中识别出的情况使注册会计师认为文件可能是伪造的或文件中的某些条款已发生变动但未告知注册会计师，注册会计师应当作出进一步调查。”

这两条规定说明，在审计中，审计人员采用“真实假设”来探索每一项证据。

5.2.1.1 关于审计证据“真实假设”的理解

真实假设并不是说审计人员将所有证据都自动贴上真实的标记。为了确定其真实性，必须将证据和审计人员想象中的真实性标准作比较。它必须满足由标准体系所确定的要求。有了真实性标准，在审计中与真实性标准无法吻合的情况发生时，就会触发审计职业怀疑。首先，让我们以销售发票为例分析一下具体审计任务中真实性标准的结构。根据尚德尔在《审计理论结构》中的描述，销售发票的真实性标准必须同时具备三个要件：

（1）发票必须符合实际情况。符合实际情况的条件是：

①它有同其他销售发票类似的形式。

②它的填写方法和其他发票一样。

③它必须连续编号并符合发票排定的顺序。

④发票必须经过授权的人签名或解释。

⑤发票中填写的商品或劳务是这家商店所通常销售的。

⑥发票的定价和数量在正常范围内。

⑦它通过企业规定的程序控制。

⑧它的归档方式与类似发票相同。

（2）发票必须附有基本本体的其他佐证材料的证明。其他佐证材料有：

①来自同一客户的购买同样商品及其数量和定价一致的订货单。

②同一业务的销货订单。

③同一业务的交货单。

④收款记录与经济业务一致。

⑤证人对基本业务的口头或书面证实。

（3）没有迹象表明发票不符合实际情况或同其他佐证材料不一致。

对于每一个具体的审计证据而言，在审计人员心中都有着与之对应的真实性的标准。之所以用真实性假设，在于审计过程中审计人员拟投入时间和努力等方面的限制。若采用不真实假设，我们必须收集很多其他的证据，完成高度综合的审计是无法做到的。职业怀疑不是怀疑一切，而是有理由的怀疑，什么是有理由，有理由就是根据真实性标准体系来衡量证据。所以，鉴证业务通常不涉及鉴定文件记录的真伪，注册会计师也不是鉴定文件记录真伪的专家，但应当考虑用作证据的信息的可靠性，包括考虑与信息生成和维护相关的控制的有效性。

尽管为了保证审计的可行性采用了“真实假设”，但是，在审计过程中一发现可疑的线索，我们就要采用批判式的怀疑态度去对待问题。

5.2.1.2 对证据的合理质疑方式

按照注册会计师执业准则中对职业怀疑的描述，职业怀疑要求对存在相互矛盾的审计证据、引起对作为审计证据的文件记录和对询问的答复的可靠性产生怀疑的信息等保持警觉。

按照《中国注册会计师审计准则第1301号——审计证据》的规定，审计证据的可靠性受其来源和性质的影响，并取决于获取审计证据时的具体环境。判断审计证据可靠性的一般原则包括：

（1）从被审计单位外部独立来源获取的审计证据比从其他来源获取的审计证据更可靠；

（2）相关控制有效时内部生成的审计证据比控制薄弱时内部生成的审计证据更可靠；

（3）直接获取的审计证据比间接获取或推论得出的审计证据更可靠；

（4）以文件记录形式（包括纸质、电子或其他介质）存在的审计证据比口头形式的审计证据更可靠；

（5）从原件获取的审计证据比从复印、传真或通过拍摄、数字化或其他方式转化成电子形式的文件获取的审计证据更可靠。

分析五条原则可以发现，对审计证据的质疑主要在于两个方面：一类是质疑审计证据来源的诚实性、客观性和正确性；另一类是质疑审计证据来源的知识和专业技能。任何一方面的瑕疵都会引起职业怀疑，造成审计证据证明力的减弱。针对审计证据的质疑，也主要应从这两方面着手，表5-1给出了对各种审计证据在合理质疑时应该考虑的问题。

表5-1 **对各种审计证据需要考虑的问题**

证据信息的来源	需要质疑的问题
（个人或他人的）经验	这些经验是典型的还是非典型的？ 在支持结论时数量和质量是充分的吗？
公布的报道	引用重要的信息来源了吗？ 作者有认真报道的声誉吗？ 出版者或者播放者享有可靠性的声誉吗？ 哪些陈述可能受到质疑？ 对作者回答这些质疑的满意度如何？

续表

证据信息的来源	需要质疑的问题
观察	观察者在场有可能破坏了所发生的事情吗？ 足够持续时间的观察可证实所得出的结论吗？ 结论是否有过度概括的问题？
专家意见	这个人对正在讨论的特定议题有具体的专业知识吗？ 这位专家引证当前的研究成果来支持他或她的看法了吗？ 其他的权威赞同或反对这位专家的意见吗？
询问	哪些情景有可能扭曲被询问者的感知？ 被询问人是利益相关者吗？
函证	函证的过程是审计人员直接控制的吗？ 函证对象是真实的吗？ 函证对象是利益相关方吗？
重新计算	重新计算使用的数据真实吗？ 重新计算使用的程序科学吗？
分析程序	预期的关系存在吗？合理吗？ 分析程序使用的数据可靠吗？ 分析程序的计算过程科学吗？

获取的管理层声明作为一种审计证据，是一种利益相关方提供的证据，在客观性、诚实性和准确性上便有了瑕疵，如果不能得到其他信息的印证，其证明力就是很微弱的。

值得强调的一点是，目前，由于公司舞弊案的频频发生，在考虑公司员工，尤其是管理层提供的证据过程中，“真实假设”已达不到审计的要求，在某些特定的情况下，可能有必要采用极端的否定假设，比如对收入认定的否定假设。

【案例 5-1】

对审计证据的合理质疑

A会计师事务所的一位业务人员在审计一位客户的过程中，发现了一笔2 000万元的现金短期投资收益。考虑到重要性水平，这位审计人员继续检查了与该业务相关的所有原始凭证，发现并没有任何疑点。

于是，他将审计工作底稿整理后，上交给事务所的上级领导进行复核，复核人员在复核的过程中，对该笔业务提出了异议。理由很简单，这样一笔业务现实的可能性有多大？想想，2 000万元的现金是什么概念，怎么可能拿着2 000万元现金的收益，这可是几箱子的现金呀！谁会拿着这么多现金在路上走呢？而且该笔现金导致了该客户当年的利润由亏损转变为盈利！基于这些考虑，审计负责人向客户进行了询问，得到的答复是那笔现金收入是被投资方在银行取了现金后存到客户的账上的，显然这样的答复也不能令人满意，而且客户不答应对此进行调整，最后，该事务所拒绝发表意见。

5.2.2 对财务报表及相关认定的合理质疑

针对财务报表整体及其认定的合理质疑，目标是识别可能存在的重大错报风险领域，从而为设计和实施针对重大错报风险采取的应对措施提供基础。

5.2.2.1 企业经营活动与重大错报风险

（1）经营活动、经营风险与财务报表

企业的经营活动受到经营环境和经营战略的影响，财务报表是按照会计的规则对企业经营活动的抽象反映，正常情况下，经营活动的变化，要在财务报表中体现出来。企业活动与财务报告的相互关系如图5-2所示。

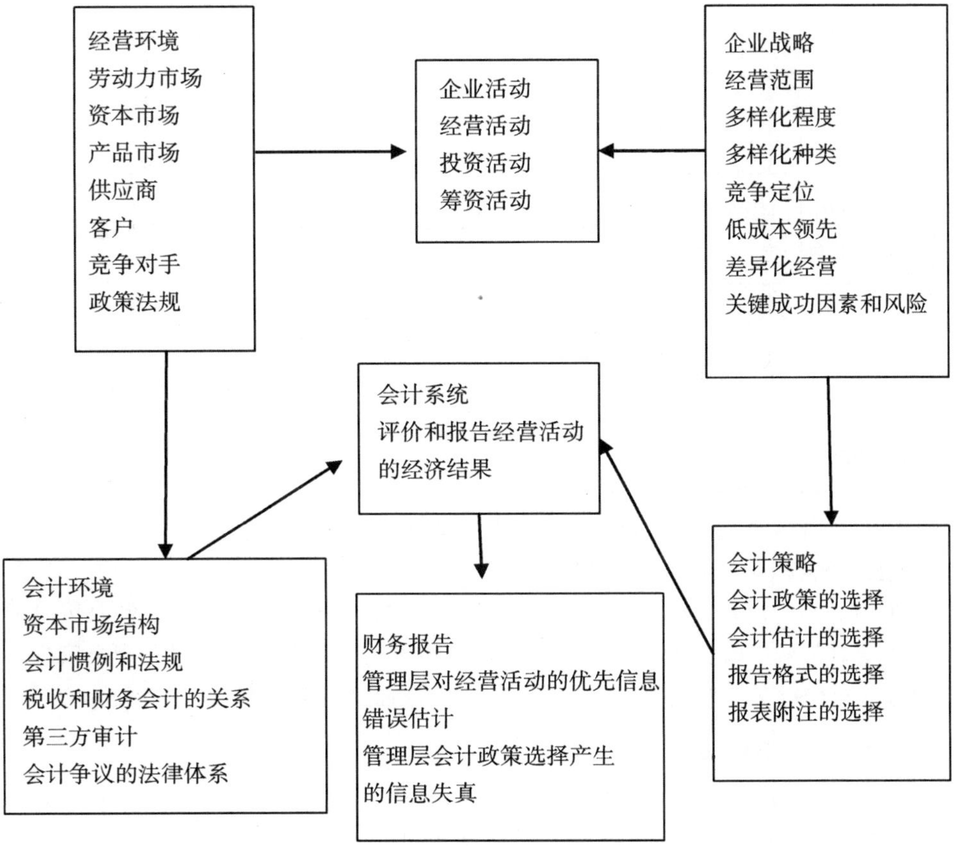

图5-2 企业活动与财务报表的相互关系（黄世忠，2009）

在复杂多变的经济网络中，企业经营活动面临诸多不确定性。企业外部环境和内部环境对企业目标实现产生不利影响形成经营风险，这些经营风险多数会影响最终的财务成果，从而影响财务报表。经营风险对财务报表的影响如图5-3所示。

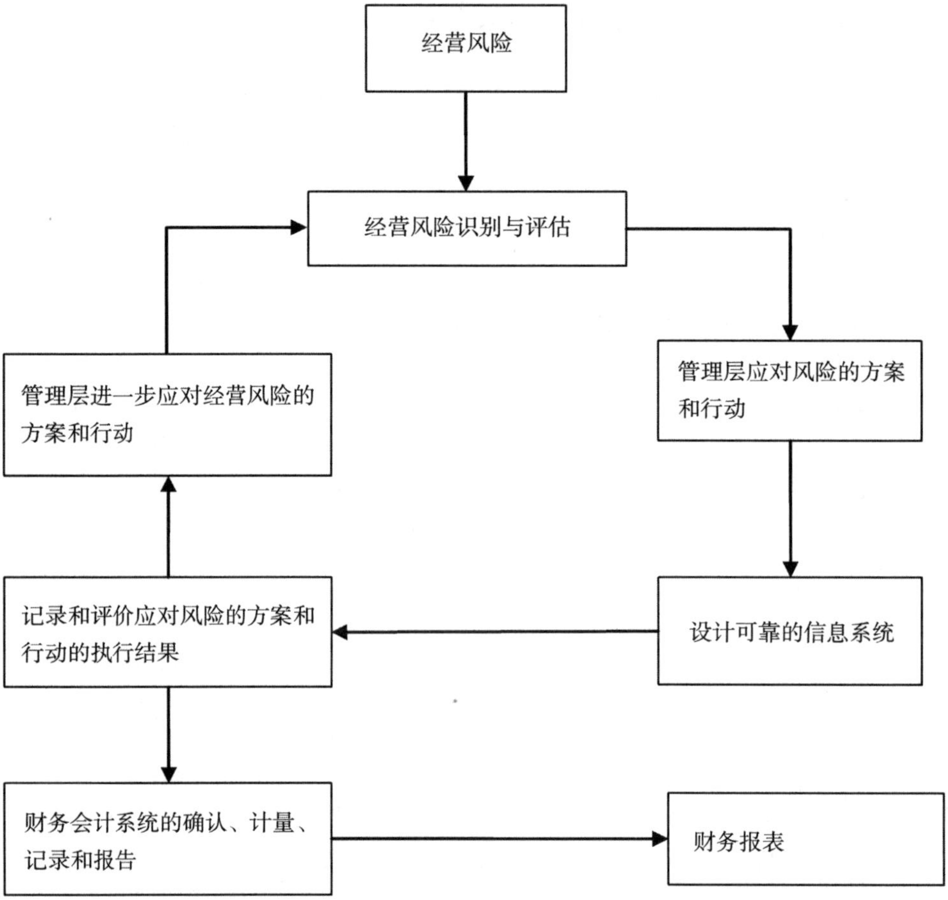

图5-3 经营风险影响财务报表认定的路径图示（汪寿成，2009）

（2）经营风险与重大错报风险

为应对经营风险，管理层一般应设置内部控制。通过内部控制，针对风险的应对措施会对某些风险施加有效影响和控制，没有得到控制的风险形成剩余风险。剩余风险有可能因为无意的错误和有意的扭曲而造成重大错报风险，如图5-4所示。

5.2.2.2 合理质疑的逻辑和方法

认识到被审计单位经营活动与重大错报风险之间的关系，有利于审计人员更好地实施风险的识别和评估程序，发现异常现象。

何谓“异常”？简单地说，就是不符合常理。比方说审计人员在使用分析程

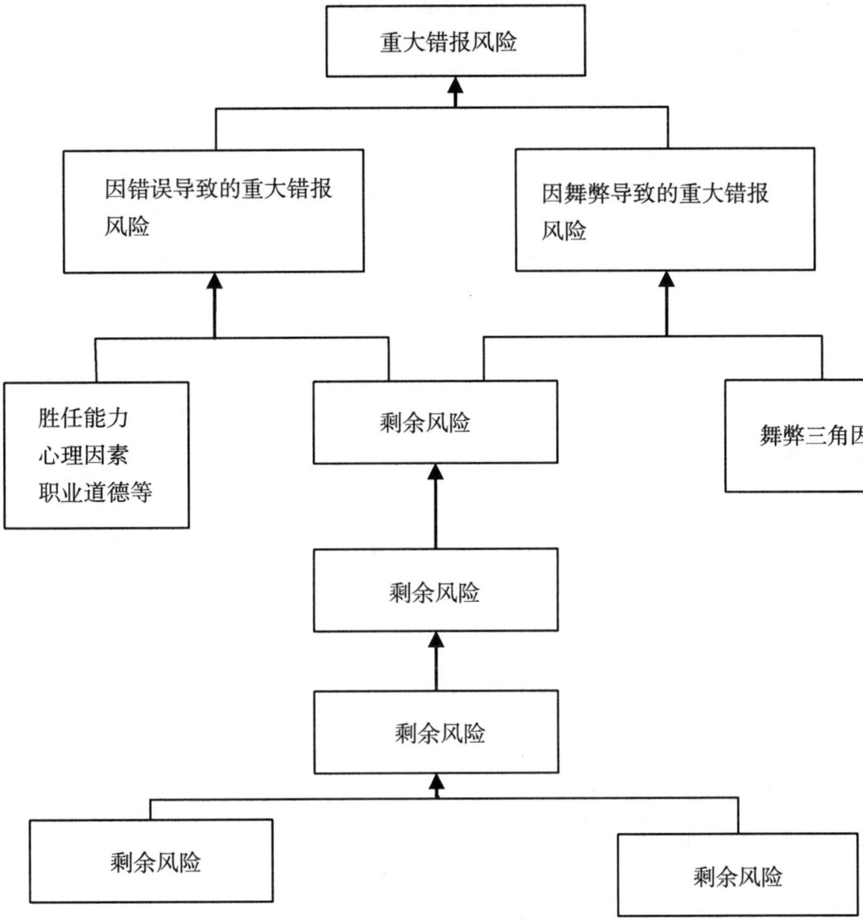

图 5-4 重大错报风险的形成机理（汪寿成，2009）

序时对“异常”的理解（郑朝晖，2004）：“异常”是指审计师“合理预期”与财务数据存在重大差异，它包括三方面异常：一是指预期增长而财务数据不增长；二是预期下降而财务数据不下降；三是预期稳定而财务数据不稳定。如果某公司今年收入比去年有大幅增长，而预期也应该大幅增长，则不存在异常。如手机行业，某年国产手机产销两旺，呈现高速增长，几家以手机为主业的上市公司收入有大幅增长，则可能不存在异常。

在识别和评估重大错报风险的过程中，要合理质疑，发现不符合常理的异常现象，前提是对被审计单位及其环境的充分了解。表 5-2 详细列出了《中国注册会计师审计准则第 1211 号——通过了解被审计单位及其环境识别和评估重大错报风险》中规定审计人员必须了解的内容，以及可能发现的异常。

表 5-2　**了解被审计单位及其环境**

了解的内容	可能发现的异常	示例
行业因素		
市场与竞争，包括市场需求、生产能力和价格竞争等	通过了解对被审计单位的经营业绩形成预期，并与报表相关数据比较，发现异常	电解铝行业产能过剩，产能利用不足，但被审计单位收入并没有任何变化
生产经营的季节性和周期性	通过将了解到的情况与被审计单位对比，发现被审计单位不符合生产的季节性	羊毛制品行业原羊毛收购一般在春季，并很快洗净，但被审计单位在年末仍然存在大量原羊毛存货
相关的生产技术	生产技术快速更新，原有技术已无法生产出有竞争力的产品	电视机行业已经以液晶显示屏为主，被审计单位的电子显像管原料没有计提合理的减值准备
能源供应与成本	能源成本较高，当能源供应价格等发生较大变化时，被审计单位的营业成本变化不正常	在汽油、柴油价格大幅波动情的况下，交通运输企业的营业成本未有变动
行业性质	行业中的企业由于行业特点签订长期合同	建筑、造船企业的收入确认影响业绩趋势
法律和监管因素		
会计准则和行业特定惯例	矿产开采企业，需计提安全生产费	被审计单位安全生产费计提与行业惯例不符
受管制行业的法规框架	被审计单位的资本充足率不符合《商业银行法》要求	被审计单位在临近期末，通过一笔交易改变了这一不合规的情况
对被审计单位经营活动产生重大影响的法律法规，包括直接的监管活动	出版企业并没有辞书出版资质，但出版了辞书	被审计单位受到监管部门、政府部门的调查，或者支付罚金
税收政策	针对行业的税收优惠政策	被审计单位对财务资料造假，以满足优惠的条件
对被审计单位开展经营活动产生影响的政府政策	货币政策，银根紧缩政策	被审计单位开发房地产，项目处于停滞中
影响行业和被审计单位的环保要求	被审计单位的财务报表中并没有反映这一问题	火电企业排放尾气达不到环保要求，但并没有计提预计负债
其他外部因素		

续表

了解的内容	可能发现的异常	示例
总体经济情况、利率、通货膨胀水平、外汇变动等	受影响的企业并没有在报表中反映出来	汇率大幅变动，国内航空公司的收入出现与同业异样的变动
被审计单位组织结构	复杂的组织结构	被审计单位对商誉的处理不恰当
被审计单位所有权结构	关联方交易	被审计单位通过关联方交易，粉饰业绩
经营活动		
收入来源、产品或服务以及市场的性质	收入来源过于单一	出版企业完全依赖实体书店销售图书产品
业务的开展情况（生产阶段与生产方法，易受环境影响的活动）	收入确认	房地产开发企业在北方开发的房地产项目，冬天处于停工期
联盟、合营与外包情况	收入确认	商场业务中租金、自营收入比例发生较大变化
地区分布和行业细分		
生产设施、仓库和办公室的位置，存货存放的地点和数量	存货确认和计量	被审计单位虚构存货
关键客户及重要供应商	虚构交易	被审计单位伪造客户，虚构营业收入
研究与开发活动及其支出	成本和费用确认、计量	被审计单位将应该列入当期费用的支出资本化
关联方交易	不存在正确的商业交易目的	被审计单位通过关联方交易，虚构利润
投资活动		
计划实施或近期已实施的并购和资产处置	交易不符合正常的商业逻辑	被审计单位通过交易，操纵财务报表
证券与贷款的投资和处置	计价方式	被审计单位因为金融工具投资导致存在不能持续经营的风险
资本性投资活动	新的关联方产生	被审计单位没有完全披露关联方关系和关联方交易
筹资活动		
主要子公司和联营企业	关联方交易	被审计单位通过关联交易操纵收入确认

续表

了解的内容	可能发现的异常	示例
债务结构和相关条款，包括表外融资和租赁安排	持续经营假设受到影响	被审计单位可能因为债务结构不合理，危及企业的持续经营
实际受益方	预计负债	以被审计单位资产或债券抵押贷款，借款人不能按时还款
衍生金融工具	资产计价	被审计单位采用了不恰当的估价方式
财务报告		
会计政策和行业特定惯例	费用异常	医药行业的研究和开发活动费用确认不恰当
收入确认惯例	收入异常	建筑施工企业任意变更在建项目的收入确认方式
公允价值会计核算	减值不恰当	被审计单位通过减值准备操纵利润
异常或复杂的交易	处理方式有争议	被审计单位通过异常的交易达到操纵财务报表数据的目的
对会计政策的选择和运用		
会计政策变更	造成对前期财务报表的大额调整	被审计单位通过会计政策变更，改变当期的业绩趋势
新颁布的财务报告准则、法律法规	被审计单位选择不恰当的使用时间	被审计单位通过时间选择，规避政策影响
目标、战略以及相关经营风险		
战略目标调整	不具有在新领域的营运能力	开发新产品失败 新市场开拓不足 产品或服务存在瑕疵 新的会计要求 监管要求
被审计单位财务业绩的衡量和评价		
关键业绩指标	不符合行业变化	被审计单位操纵业务数据，以达到业绩指标要求
被审计单位与竞争对手业绩	变动不一致	被审计单位存在异常交易
被审计单位内部控制		
控制环境	企业不具有诚信文化	被审计单位管理层的行为不合乎道德，在企业内形成了不诚信的企业文化

续表

了解的内容	可能发现的异常	示例
风险评估程序	未能识别重要经营风险	被审计单位风险评估程序薄弱，存在管理层未能识别的重大错报风险
与财务报告相关的信息系统	相关控制薄弱，有不合乎规范的情况	被审计单位重要交易的控制有漏洞，可能存在员工舞弊的情况
监督活动	缺乏有效的控制监督活动	内部审计没有发挥作用

【案例 5-2】

审计人员在承接业务中保持职业怀疑

注册会计师A通过朋友辗转介绍结识了一位客户，这位客户号称要到美国上市，希望这位A注册会计师对其公司进行审计。

客户是由一位中国人和一个美国人合资成立的，号称当年的利润达到了一个亿。客户的高管说，客户的生产工艺采用中医和西方先进技术相结合，生产的保健品得到了市场的认可，今年以来市场反响特别好，因此公司想继续拓展，并想到美国进行上市。注册会计师A便向高管了解了公司的基本情况：该公司生产基地设在吉林，公司总部设在北京，在全国县镇级的销售授权专营店有5 000多个。

注册会计师A继续了解了该公司的产品，产品并没有什么特别之处，但出奇地贵。来到该公司的财务部门了解情况，发现该公司去年也是盈利，但是当注册会计师A看了公司的纳税申报单时，发现客户去年亏损，虽然考虑到国内企业的避税倾向，但考虑到一年以来这么大的转变，注册会计师A对客户的情况很是担心。另外在与客户财务人员的沟通中，他发现，这些财务人员对国内的会计准则有些地方都不是很清楚，更不要说是美国的会计准则了，内部控制制度也很薄弱。而且通过与客户的管理层的讨论，他认为，这样的管理层不可能具有这么强的管理能力，让公司在一年内转变这么大。最后，注册会计师A拒绝了该客户的委托，而事后证明，该客户的确仅仅是想包装上市，到股票市场骗取资金。

注册会计师A认为，这家公司业绩的巨大变化，与公司的产品、生产规模、市场情况、管理和财务人员的素质不相匹配，是无法正常解释的。很显然，公司高管的诚信问题也值得考虑，因此拒绝该业务。

在这个案例中，注册会计师A在业务承接的过程中，保持了应有的职业怀疑态度，避免了承接高风险的客户，为事务所避免了麻烦。

5.2.2.3 可能表明存在重大错报风险的情况和事项

《中国注册会计师审计准则第1211号》应用指南列举了一些可能表明存在重大错报风险的情况和事项（见表5-3）。这些情况和事项涵盖范围广泛，然而，并非每一项审计业务都会涉及所有的情况和事项。

表 5-3　**可能表明存在重大错报风险的情况和事项**

宏观经济环境	在经济不稳定（如货币发生重大贬值或经济发生严重通货膨胀）的国家或地区开展业务
	在高度波动的市场开展业务（如期货交易）
	在高度复杂的监管环境中开展业务
	被审计单位经营所处的行业发生变化
	经营活动或财务业绩受到监管机构或政府机构的调查
被审计单位业务活动	持续经营和资产流动性出现问题，包括重要客户流失
	关键人员变动（包括核心执行人员的离职）
	信息技术战略与经营战略不协调
	获取资本或借款的能力受到限制
	供应链发生变化
	开发新产品或提供新服务，或进入新的业务领域
	开辟新的经营场所
	运用表外融资、特殊目的实体以及其他复杂的融资安排
重大交易或关联方交易	被审计单位发生变化，如发生重大收购、重组或其他异常的事项
	拟出售分支机构或业务分部
	存在复杂的联营或合资企业
	从事重大的关联方交易
	发生大额非常规或非系统性交易（包括公司间的交易和在期末发生大量收入的交易）
内部控制	内部控制存在缺陷，尤其是管理层未处理的内部控制缺陷
	按照管理层特定意图记录的交易（如债务重组、资产出售和交易性债券的分类）
会计信息系统与会计估计	缺乏具备会计和财务报告技能的员工
	信息技术环境发生变化
	安装新的与财务报告有关的重大信息技术系统
	以往发生的错报或错误，或者在本期期末出现重大会计调整
	采用新的会计准则
	涉及复杂过程的会计计量
	涉及重大计量不确定性（包括会计估计）的事项或交易
	存在未决诉讼和或有负债（如售后质量保证、财务担保和环境补救）

5.3 充分取证：尽力排除合理怀疑的重要前提

风险导向审计的重要特点之一是依据风险评估的结果，分配审计资源（陈毓圭，2004；张龙平，2006；唐建华，2012）。在了解被审计单位及其环境过程中，识别和评估重大错报风险自然是后续审计工作的重点。对于这些高风险审计领域，审计人员应该更谨慎，要采取配备具有胜任能力的审计人员、加大审计程序的不可预测性、选取能够获取更为相关可靠审计证据的程序、扩大样本量等程序和方法，排除合理怀疑，降低审计风险。

5.3.1 充分取证，解除怀疑

充分取证至少包含三个方面：针对财务报表层次重大错报风险的总体应对；针对认定层次的重大错报风险，通过调整进一步审计程序的性质、时间和范围来应对；不管评估的重大错报风险结果怎样，审计人员都应当针对所有重大类别的交易、账户余额及披露设计和实施实质性程序。

5.3.1.1 报表层次的重大错报风险的总体应对

（1）向项目组强调保持职业怀疑的重要性

项目合伙人向项目组传达的基调很重要，Peecher（1996）的研究发现，当项目合伙人向审计人员传递了不同的态度（怀疑、客观、信任）时，审计人员对管理层提供的对收入增长的解释的可信度评价差异明显，而且对竞争性解释的搜寻也有差异。当强调职业怀疑时，审计人员对管理层的解释信任度低，搜寻竞争性解释的意愿更强。

（2）指派更有经验和具有专业技能的审计人员，必要时，利用专家工作，并加强督导

在财务报表认定层次上可能存在重大错报风险时，常常涉及管理层诚信或者专业能力问题，需要更有经验的审计人员。而针对一些特殊的领域，审计人员自身可能不具备胜任的专业能力，就需要借助专家的工作。

在审计中离不开客户管理层的合作，一方面要向客户的管理层执行一些询问之类的审计程序；另一方面要向客户的管理层索要各种管理声明书。对这一类的证据，审计人员应该保持适当的职业怀疑，审计人员不能仅依赖于以前的工作经验形成的对管理层诚信以及其他品质的印象断然下结论，审计人员需要获取其他的证据予以佐证，以排除职业怀疑；否则，不管获得的证据真实与否，得出的审计结论恰当与否，审计人员的审计工作难说谨慎，更不要奢谈什么职业怀疑了。

惨痛的教训依然历历在目，在世界通信的财务舞弊案中，安达信对世界通信

的线路成本、准备金计提和转回、收入确认和商誉减值等重大事项进行审计时，几乎完全依赖于世界通信高层的管理声明书，而不是建立在获取充分适当审计证据的基础上，以致世界通信审计委员会在2002年6月向安达信通报世界通信利用冲销线路成本虚构利润时，安达信向新闻媒体的解释是世界通信高层并没有在管理当局声明书中就此事告知安达信。暂且不说独立性的问题，安达信无视审计准则的要求，直接以管理声明书作为直接审计证据，未能获取充分适当的审计证据是导致审计失败发生的重要原因之一。

（3）对拟实施审计程序的性质、时间和范围作出总体修改，融入更多的不可预见的因素。

考虑审计程序的性质，以获取更具有说服力的审计证据；修改审计程序的时间，在期末而非期中实施实质性审计程序；扩大审计的范围，扩大审计测试的样本量。

增加不可预见性，可以通过：对通常不做测试的账户余额和认定实施实质性测试；调整审计程序的时间安排，增强突袭性；运用不同的抽样方法；在不同的营业地点或未预先通知的地点实施测试。

5.3.1.2 认定层次的重大错报风险的应对

针对识别和评估的认定层次的重大错报风险，需要实施进一步审计程序，具体包括内部控制测试和实质性程序。不管评估的重大错报风险结果怎样，审计人员都应当针对所有重大类别的交易、账户余额及披露设计和实施实质性程序。

在这一部分，与传统的审计方法相比并无本质的改变。需要强调的是，在保持职业怀疑的过程中，一方面要保证审计程序获取审计证据的过程具有严密的逻辑性，不能存在致命的逻辑缺陷；另一方面要恰当地评价审计证据的相关性和充分性。

就审计证据的获取来讲，保持职业怀疑要求审计人员针对评估的重大错报风险结果，采取恰当的审计程序，在恰当的时间和范围内获取合理保证。例如，当风险较高时，可能需要获取独立第三方提供的可靠性更强的证据；审计人员可能会更多地选择在期末或接近期末时实施实质性程序；采用突击检查或管理层不能预见的时间和方式实施审计……

保持职业怀疑还要求获取的审计证据链条不能具有逻辑缺陷。比如，针对内部控制的期中测试，能够为内部控制的有效运行提供部分证据，还需要考虑期中测试之后是否有了重要的变化，要针对剩余期间获取合理的证据。审计人员在利用以前年度的控制测试结果时，同样面临这样的问题。内部控制测试与实质性程序的衔接也存在类似的问题，审计人员需要保持足够的警惕性。

5.3.1.3　审计证据充分性和适当性的判断

判断审计证据是否充分和适当与否，需要考虑以下因素：（1）认定发生潜在错报的重要程度，以及这些潜在的错报对财务报表产生重大影响的可能性；（2）被审计单位管理层应对和控制相关风险的情况；（3）在以前审计中获取的有关类似潜在错报的经验；（4）实施审计程序的结果，如是否识别出舞弊和错误；（5）可获得信息的来源和可靠性；（6）审计证据的说服力；（7）对被审计单位及其环境的了解。

审计证据充分性的判断的一个基本经验是：不存在相互矛盾的审计证据，对异常已经获得了合理解释的证据。

审计中不能相互佐证的证据应以怀疑的态度对待，而从多个角度获得相互印证的证据，得出的结果或结论就更准确，更有说服力和解释力。在具体的审计活动中，多个角度可能是不同的审计人员，可能是不同的证据来源，还可能是不同的审计方法等。

就不同的证据来源来说，提倡的是从多种渠道收集资料，并力求验证同一事实或现象。在这一过程中，可能出现两种情况：真正形成了稳定的资料三角形；在同一研究中使用多种类型的证据，但这些证据侧重论证不同的事实。如果使用了多种来源的资料，但并未真正形成稳定的证据三角形，那只能算是孤立地分析了每一种证据，但各类证据之间并没有相互印证。

5.3.2　做好记录，留下审计轨迹

根据《中国注册会计师审计准则第1131号——审计工作底稿》的描述，审计工作底稿不仅是审计人员得出实现总体目标结论的基础，也是证明审计人员按照审计准则和相关法律法规的规定计划和执行了审计工作。

审计工作底稿还有助于项目组计划和实施审计工作，有助于相关的督导成员履行指导、监督和复核审计工作的责任，便于项目组说明其执行审计工作的情况，保留对未来审计工作产生持续重大影响的事项的记录；便于事务所进行质量控制复核和检查，便于监管机构检查事务所实施的执业质量。

保持职业怀疑的过程，作为审计人员是否勤勉尽责完成审计工作的重要方面，在工作底稿中准确、恰当地反映，是保留审计轨迹，解除审计责任不可或缺的工作之一。

在审计过程中，至少在以下方面，需要在工作底稿中做好反映保持职业怀疑的记录，如表5-4所示。

表5-4 **保持职业怀疑的记录**

审计的阶段或领域	需要记录的事项	依据
整个审计过程中	已实施审计程序的性质、时间安排和范围	审计准则1131号
整个审计过程中	与管理层、治理层和其他人员对重大事项的讨论，包括事项的性质，讨论的时间、地点和参加人员	审计准则1131号
整个审计过程中	针对识别出的信息与针对某重大事项得出的结论不一致，审计人员是如何处理的	审计准则1131号
财务报表审计中与舞弊相关的责任	项目组内部就由于舞弊导致财务报表重大错报可能性进行讨论得出的结论 识别和评估的由于舞弊导致的认定层次和财务报表层次的重大错报风险	审计准则1211号 审计准则1141号
财务报表审计中与舞弊相关的责任	对评估的财务报表层次的重大错报风险采取的总体应对措施 审计程序的性质、时间安排和范围 审计程序与认定层次的重大错报风险之间的关系 实施审计程序的结果	审计准则1231号 审计准则1141号
	与管理层、治理层、监管机构或其他相关各方就舞弊事项的沟通情况	审计准则1141号
	如果认为收入存在舞弊风险的假定不适用于具体情况，应记录得出该结论的理由	审计准则1141号
财务报表审计中对法律法规的考虑	识别出的或怀疑存在的违反法律法规的行为，以及与管理层、治理层和被审计单位以外的相关机构或人员进行讨论的结果	审计准则1142号
识别和评估重大错报风险	依据审计准则1211号第13条的规定，项目组进行的讨论以及得出的重要结论 对被审计单位及其环境各个方面的了解要点、对内部控制的了解要点，获取上述了解的信息来源，以及实施的风险评估程序 识别和评估的财务报表层次和认定层次的重大错报风险 识别出的风险和了解的相关控制	审计准则1211号
评估的重大错报风险的应对	针对报表层次的重大错报风险的总体应对措施，实施进一步程序的性质、时间安排和范围 实施的进一步审计程序与评估的认定层次风险之间的关系 实施进一步审计程序的结果，以及结果不明显时得出的结论	审计准则1231号
评价审计过程中识别出的错报	审计过程中累积的所有错报，以及是否得到更正 就未更正错报单独或汇总起来是否重大得出的结论，结论的基础	审计准则1251号
会计估计审计	导致特别风险的会计估计的合理性及其披露的充分性，审计结论的基础 可能存在的表明管理层偏向的迹象	审计准则1321号
关联方	识别出的关联方名称、关系的性质、关联方交易类型、关联方交易要素	审计准则1323号
利用内部审计人员的工作	对内部审计人员工作的恰当性进行评价的结论 针对内部审计人员的工作实施的审计程序	审计准则1411号

5.4 谨慎报告：排除怀疑规避风险的根本目的

审计报告是审计活动的结果，是注册会计师与预期的使用者进行沟通的渠道。审计报告也是预期使用者进行决策的依据之一。我国的审计准则明确规定："注册会计师应当在审计报告中清楚地表达对财务报表的意见，并对出具的审计报告负责。注册会计师应当评价根据审计证据得出的结论，以作为对财务报表形成审计意见的基础。在对财务报表形成审计意见时，注册会计师应当根据已获取的审计证据，评价是否已对财务报表整体不存在重大错报获取合理保证。"

2007年6月4日最高人民法院审判委员会第1428次会议通过的《最高人民法院关于审理涉及会计师事务所在审计业务活动中民事侵权赔偿案件的若干规定》指出："会计师事务所违反法律法规、中国注册会计师协会依法拟定并经国务院财政部门批准后施行的执业准则和规则以及诚信公允的原则，出具的具有虚假记载、误导性陈述或者重大遗漏的审计业务报告，应认定为不实报告。"利害关系人依赖审计活动出具的不实报告遭受损失，可向人民法院提起民事侵权赔偿诉讼。依据不实报告的类型，会计师事务所可能承担连带赔偿责任或与其过失相对应的赔偿责任。

可见，只有排除了职业怀疑，谨慎报告，才能规避审计失败风险。审计人员应该根据排除职业怀疑形成内心确认的具体情况，谨慎报告。审计人员需要根据审计结果形成恰当的审计意见，使用准确的审计报告形式，向公众传递审计意见。

5.4.1 在审计报告中发表非无保留意见

导致审计人员发表非无保留意见的事项有财务报表存在重大错报或者审计人员无法获取充分、适当的审计证据，财务报表可能存在重大错报。事项影响与审计意见类型如表5-5所示。

表5-5 **事项影响与审计意见类型**

导致发表非无保留意见的事项的性质	这些事项对财务报表产生或可能产生影响的广泛性	
	重大但不具有广泛性	重大且具有广泛性
财务报表存在重大错报	保留意见	否定意见
无法获取充分、适当的审计证据	保留意见	无法表示意见

审计人员还需要具体根据相关事项影响的广泛性，判断审计意见的类型。根据《中国注册会计师审计准则第1502号》的描述，对财务报表具有广泛影响的情况包括：

（1）对财务报表的影响不限于特定要素、账户或项目；

（2）虽然只影响特定要素、账户和项目，但这些要素、账户和项目是或可能是财务报表的主要组成部分；

（3）当与披露相关时产生的影响对财务报表使用者理解财务报表至关重要。

5.4.2 在审计报告中增加强调事项段或其他事项段

如果认为必要，审计人员可以在审计报告中通过强调事项段和其他事项段提供补充信息，提醒使用者关注相关事项或更好地理解财务报表。

5.4.2.1 强调事项段的使用

针对尽管已在财务报表中列报或披露，但对于理解报表至关重要的事项，审计人员如果认为有必要提醒报表使用者，且审计人员已确定该事项不存在重大错报的条件下，应当在审计报告中增加强调事项段。

强调事项段紧接在审计意见段之后，使用“强调事项”或其他适当标题，明确提及被强调事项及相关披露的位置，指出审计意见没有因该强调事项而改变。

可能引起增加强调事项段的情况如表5-6所示。

表5-6　**可能引起增加强调事项段的情形**

引起强调事项段的情形以及处理方式	依据
业务承接时，如果相关部门要求采用的财务报告编制基础不可接受，管理层同意在财务报表中作出额外披露，以避免报表产生误解，审计人员在审计报告中要增加强调事项段，提醒使用者关注额外披露；并且在发表意见时，不使用“财务报表在所有重大方面按照（适用的财务报告编制基础）编制，公允反映……”等措辞，除非法律法规另有规定	中国注册会计师审计准则第1111号
如果认为持续经营假设适用，但存在重大不确定性，审计人员确定财务报表已充分描述可能导致对持续经营产生重大疑虑的主要事项，以及管理层的应对计划，且报表已经清楚地披露该事项的不确定性以及由此导致被审计单位无法在正常经营中变现资产和清偿债务	中国注册会计师审计准则第1324号
审计报告日之后发生的期后事项导致被审计单位在法律未禁止的情况下，经董事会、管理层或类似机构的批准，仅限于对该事项的影响修改财务报表，并实施了相应的审计程序，审计人员可以出具新的或经修改的审计报告，在强调事项段或其他事项段中说明审计人员对期后事项实施的审计程序仅限于财务报表相关附注所述的修改	中国注册会计师审计准则第1332号
存在财务报表报出后知悉的事实，管理层修改了财务报表，审计人员采取了对应的措施之后，应当在新的或经修改的审计报告中增加强调事项段或其他事项段，提醒使用者关注报表附注中有关修改的详细原因和审计人员提供的原审计报告	中国注册会计师审计准则第1332号
审计人员对特殊目的财务报表出具的审计报告，应当增加强调事项段，以提醒使用者关注财务报告按照特殊目的的编制基础编制，因此可能不适用于其他目的	中国注册会计师审计准则第1601号

5.4.2.2　其他事项段的使用

对于未在财务报表中列报或披露，但根据职业判断认为与使用者理解审计工作、注册会计师的责任或审计报告相关且未被法律法规禁止的事项，如果认为有必要沟通，审计人员应当在审计报告中增加其他事项段。

其他事项段应使用“其他事项”或其他适当标题。审计人员应当将其他事项段紧接在审计意见段和强调事项段（如有）之后。如果其他事项段的内容与其他报告责任部分相关，这一段落也可以置于审计报告的其他位置。

可能引起增加其他事项段的情形如表5-7所示。

表5-7　**可能引起增加其他事项段的情形**

引起其他事项段的情形和处理方式	依据
审计报告日之后发生的期后事项导致被审计单位在法律未禁止的情况下，经董事会、管理层或类似机构的批准，仅限于对该事项的影响修改财务报表，并实施了相应的审计程序，审计人员可以出具新的或经修改的审计报告，在强调事项段或其他事项段中说明审计人员对期后事项实施的审计程序仅限于财务报表相关附注所述的修改	中国注册会计师审计准则第1332号
存在财务报表报出后知悉的事实，管理层修改了财务报表，审计人员采取了对应的措施之后，应当在新的或经修改的审计报告中增加强调事项段或其他事项段，提醒使用者关注报表附注中有关修改的详细原因和审计人员提供的原审计报告	中国注册会计师审计准则第1332号
如果上期财务报表已由前任审计人员审计，上期审计报告未随报表一同公布，审计人员除对本期财务报表发表意见外，还应当在其他事项段中说明：（1）上期财务报表已由前任审计；（2）前任审计人员发表的意见的类型；（3）前任审计人员出具的审计报告的日期。 如果上期财务报表未经审计，审计人员应当在审计报告的其他事项段中说明对应数据未经审计	中国注册会计师审计准则第1511号
当因本期审计而对上期财务报表发表审计意见时，如果对上期财务报表发表的意见与以前发表的意见不同，审计人员应当在其他事项段中披露导致不同意见的实质性原因	中国注册会计师审计准则第1511号
在审计报告日前获取的其他信息中存在重大不一致，并且需要对其他信息作出修改，但被审计单位管理层拒绝作出修改，审计人员需要与治理层沟通，并可能在审计报告中增加其他事项段，说明重大不一致	中国注册会计师审计准则第1521号

6 实务研究：排除职业怀疑的实现机制

前面我们探讨了职业怀疑是什么，为什么需要职业怀疑，如何在财务报表审计中保持职业怀疑等一系列的问题。当对这些问题的探究告一段落时，接踵而来的问题是审计人员应该怎样把职业怀疑有效地应用到具体的审计实务中去。

6.1 舞弊与违法：需要合理质疑的重点领域

2012年，国际注册舞弊审核师协会（ACFE）发布了一项针对舞弊的调查报告（2012 Report to the Nations），调查对象为在政府机构、企业和会计师事务所工作的注册舞弊审核师，涉及2010年1月至2011年12月94个国家发生的1 388例舞弊案。报告中指出：（1）被调查者估计，舞弊损失大约相当于这些组织收入的5%，按照全球2011年生产总值折算，全球因为舞弊造成的损失超过3.5万亿美元；平均单案损失的中位数是14万美元，超过1/5的案件损失超过100万美元。关于舞弊的侦测，报告指出，报告中调查到的这些案件被发现之前持续时间的中位数为18个月，员工暗示（tips）是最有效的舞弊侦测手段，其次是管理层检查和内部审计，外部审计发现的舞弊仅占4%左右。

据《纽约时报》报道，安然公司的财务舞弊导致680亿美元市值损失，而世界通信，其股票曾经是美国第五大被广泛持有的股票，其市值由1999年6月巅峰时的1 150亿美元，跌至不足3亿美元，损失逾1 100亿美元。在我国资本市场发生的银广夏、琼民源和蓝田股份等财务舞弊造假案，也令股票投资者损失惨重，其中银广夏一案投资者损失就达100多亿元人民币。

财务舞弊造成的危害之大触目惊心，而审计人员在侦测舞弊过程中发挥的作用却十分有限。这与审计固有的缺陷有关，但也说明，审计人员在侦测舞弊的能力和方法上仍有提升的空间。舞弊虽然具有隐蔽性，但“下有渐洳，上生苇蒲”，舞弊总是会留下各种痕迹。如果审计人员清楚了舞弊是如何发生的、舞弊的类型以及舞弊隐瞒的策略，那么在审计中发现舞弊的可能性就有可能提高。

6.1.1 舞弊的动机

6.1.1.1 关于个人舞弊动机的研究

印第安纳州立大学的刑事学家埃德温·H.萨瑟兰（Edwin H. Sutherland）是最早研究这一领域的学者之一。萨瑟兰最初研究的是优秀企业高级管理人员的行为与活动，对于实施舞弊的动机是由于精神失常或者社会经济窘困这一传统观点他并不认可。萨瑟兰发明了“白领犯罪”这个新词，用以描述公司的犯罪行为或者个人为公司的利益而实施的犯罪行为。后来，萨瑟兰构建了他的*differential association*理论，认为犯罪活动是一种学习行为，就像学习一门语言或者演奏一种乐器的能力。他的理论还指出，学习犯罪涉及相互独立但共同作用的两方面内容：掌握实施舞弊的技术和“犯罪者的态度、诱因、合理化的借口，以及动机”。（Joseph T.Wells，2007）

唐纳德·R.克雷西（Donald R. Cressey）继续了萨瑟兰的研究，他自己也对舞弊成因，尤其是对贪污犯进行了研究。克雷西认为财务困境是否到了无法承受的程度是涉案人自己的认知问题，其将无法承受的问题分成了六种类型：

①无法偿还债务。简而言之，欠债达到一定程度时负债者感到这与其作为丈夫、父亲、雇员、朋友以及其他社会角色极不相称，如此下去，身心备受折磨，没有了社会地位。

②个人失败。这类问题中有一些是由于宏观经济所致（比如，经济萧条），还有一些是因为微观经济，比较多的还是出于个人原因（比如，不恰当的投资决策）。

③企业扭亏。虽然这与个人失败比较相似，不过克雷西在这里描述的是为挽救垂死的企业而牺牲信任的一种行为模式。

④孤立无援。有些人面对财务压力，没有可以寻求帮助的人，事实或许如此，也可能这只是他们的主观感受。

⑤维持地位。有些人热衷于某种特定的生活状态，并且希望维持某种特定层次的人际交往。如果他们的财务状况无法满足他们的这种需求，他们可能认为这无法接受。

⑥雇主与雇员间的关系。报复可以算得上是这类案件的主要动机，当员工觉得自己一直得不到重视，并且没有可选的或者合适的方式来弥补其受到的伤害时，他们便通过这种方式来发泄情绪。

阿尔布赖特等（1995）通过对舞弊案例的研究，提出了著名的舞弊三角理论：压力、机会和合理化是舞弊三角形的三个顶点。三个因素共同作用促成了舞弊的发生。压力是舞弊者的动机因素，压力的存在，导致舞弊者具有了寻求获得不正当利益的诉求；机会是舞弊者能够进行舞弊，而不被轻易发现或者不被惩罚的时机，包括控制漏洞、缺乏惩罚措施、信息不对称等；合理化，是舞弊者能够为自己找到平复不安的借口，属于舞弊者的道德认知问题。

约瑟夫等（1993）提出了GONE理论，认为舞弊者的贪婪、机会、需要和暴露四方面因素影响着舞弊的发生。贪婪和需要，强调的是舞弊者的个人因素，而机会和暴露强调的是环境因素。

6.1.1.2 关于企业财务舞弊动机的研究

Erickson、Hanlon和Maydew（2006）详细分析了对这类研究（盈余管理）的需求：历史上一些特大的会计舞弊疑案都发生在最近几年，这些案件导致会计行业发生巨变，并影响到立法和监管方面的改变。立法者、监管者、从业者和学者们都希望知道，导致这些舞弊疑案的根本原因是什么。理解导致舞弊疑案发生的潜在动力，是从根本上防止此类事件再次发生的前提。许多学者认为，问题的答案就是管理层获得个人利益的动因和机会。

Lamber（1984）研讨了现实的收益平滑行为，认为这是管理者利用生产及投资决策的弹性来降低公司价值波动幅度的策略。Lamber将收益平滑解释为管理者与所有者之间委托代理关系的结果。Dye（1988）阐述了粉饰性盈余管理的内部与外部需求。内部需求主要源于管理者与所有者的委托代理关系，外部需求则是因为资本市场需要对公司进行估价。

Healy（1985）的研究表明，如果报酬合约没有规定更高利润会增加他的奖金，经理人可能会选择降低利润的计量方法，结果就是公司私藏了利润。

Mulford & Comiskey（2001）将企业财务报表舞弊动机归为四类：（1）旨在改变股票价格的股票价格效应；（2）旨在降低筹资成本的借款成本效应；（3）旨在左右奖金的奖金计划效应；（4）旨在左右政治成本的政治成本效应。

Scott（2000）将企业盈余管理的动机分为六类：奖金动机、政治动机、契约动机、税收动机、变更CEO动机、IPO动机。

黄世忠（2007）认为，我国企业财务报表舞弊的动机可以分为六类：（1）为了达到业绩考核对财务指标的要求，管理层存在追求理想业绩的动机；（2）为了获取银行等金融机构的资金，企业存在粉饰财务数据，以获取借贷资金的动机；（3）为了达到企业上市和上市资格保全的条件，企业存在粉饰财务数据的动机；（4）为了降低税收负担，企业存在粉饰财务数据，规避税收的动机；（5）为了达到个人和企业的政治诉求，企业存在粉饰财务数据的政治动机；（6）为了撇清责任，企业存在利用环境或人员的变革进行财务报表粉饰的动机。

6.1.1.3 舞弊动机研究的启发

从以上的文献回顾可以发现，目前国内外针对企业舞弊的研究分别从两个角度展开，即员工舞弊和企业财务舞弊。关于个人舞弊的研究，把个人作为研究的对象，分析究竟是什么因素导致个人舞弊。这一类研究的研究者，也多具有舞弊审核师或者内部审计人员的角色，其出发点是如何杜绝个人舞弊，减少企业的损失。而针对企业财务舞弊的研究，把企业作为研究的对象，分析究竟是什么因素导致了企业甘冒风险进行财务报表粉饰或舞弊。这一类研究的研究者，多是会计学者，其出发点之一是解释企业财务舞弊的动因，并寻找杜绝的办法。

两类舞弊动机的研究，虽然侧重点不同，但对个人舞弊的研究的结论，对于研究企业财务舞弊具有参考和启示作用，而且两类研究对于审计人员保持职业怀疑侦测舞弊而言，都是有益的。按照审计准则规定，财务舞弊包括侵占资产舞弊和财务报表舞弊，审计人员对两类舞弊都具有发现和报告的责任。对个人舞弊动机的研究，有助于审计人员理解侵占资产舞弊；对企业舞弊动机的研究有利于审计人员理解财务报表舞弊。审计人员通过深入了解两类舞弊的动机，就能在具体的审计环境中，把握住可能导致舞弊发生的迹象，有效地采取应对措施。

6.1.2　舞弊的类型和手段

6.1.2.1　相关研究回顾

《中国注册会计师审计准则第1141号——财务报表审计中与舞弊相关的责任》指出，与财务报表审计相关的故意错报，包括编制虚假财务报告导致的错报和侵占资产导致的错报。相应地，舞弊被划分为了编制虚假财务报告舞弊和侵占资产舞弊。

黄世忠（2007）将我国上市公司财务报表粉饰按照财务报表构成进行了分类，划分为财务状况、经营业绩和现金流量三种类型的舞弊。通过对我国上市公司会计造假的系统梳理，归纳出12种常见的财务报表粉饰手法，并进一步区分为传统手法和现代手法两大类。

传统手法主要包括：（1）操纵收入确认时间或虚构收入；（2）利用虚拟资产高估利润；（3）模糊资本性支出与费用边界，将期间费用资本化；（4）与关联公司进行股权转让“炮制利润”；（5）高估存货少计销售成本；（6）利用其他应收、应付款隐瞒亏损或藏匿利润。

现代的财务粉饰手法主要包括：（1）借助资产重组，完成利润转移；（2）通过关联交易，进行利益输送；（3）滥用减值准备，实现不当目的；（4）随意追溯调整，逃避监管；（5）借助补贴收入，编造经营业绩；（6）利用收购兼并，借机操纵报表。

马贤明、郑朝晖（2005）总结了上市公司常常用来操纵财务报表的十种“久用不衰”的手段。这些手段与会计准则具体业务处理性质紧密相关，往往也涉及会计判断的领域。这十大领域包括收入确认、资产减值、合并报表、关联方交易、或有事项、无形资产、会计估计、资本性支出与收益性支出、重大会计差错以及企业合并。

马贤明、郑朝晖（2005）还对我国上市公司新出现的主要财务报表舞弊手段进行了分析，这些手段包括战略投资者、MBO、高派现和并购。研究者指出，MBO背后的秘密可能是“费用资本化”和“费用权益化”；高派现背后可能是虚增收入和银行存款；战略投资者背后可能是“战略性合作”，虚构上市公司利润；并购背后可能是伪造业绩。

2012年国际注册舞弊审核师协会发布的“2012年全球舞弊研究报告”对舞弊进行了系统的分类，如图6-1所示。

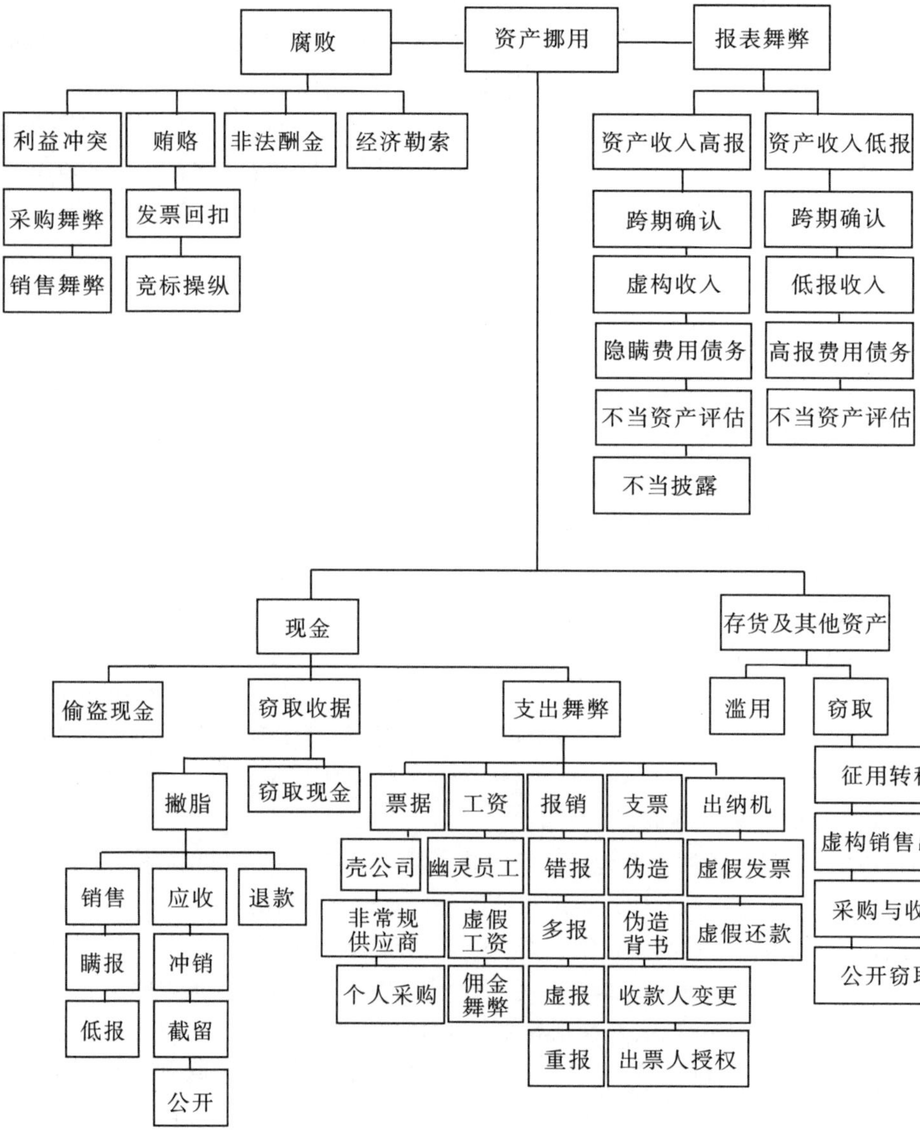

图6-1　ACFE对职务舞弊的分类

通过对全球职务舞弊的调查研究，全球的职务舞弊具有以下几个特点：（1）与以往的研究结论类似，资产侵占舞弊是职务舞弊最普遍的形式，占到被调查者报告的案件的87%，损失的中位数是12万美元；财务报表舞弊仅占到8%，但是损失的中位数达到100万美元。（2）相对于其他方法，来自企业内部员工的提示是侦破职务舞弊最有效的手段。（3）腐败和票据舞弊是全球的组织面临的最大威胁，占到舞弊总量的50%。（4）职务舞弊对于小企业的危害更大，小企业遭受损失的中位数更大。原因在于，小企业一般内部控制薄弱，采取的舞弊防范措施较少。（5）反舞弊措施的使用一般会显著降低职务舞弊的损失成本，缩短舞弊的持续时间。（6）与以前的研究结论一致，最容易遭受职务舞弊侵害的行业包括银行和金融服务业、政府和公共管理部门以及制造企业。（7）舞弊者获得的授权越大，往往导致的舞弊损失也越大，首席执行官和业主舞弊的损失中位数是57.3万美元，经理人员的损失中位数是18万美元，员工舞弊的损失中位数是6万美元。（8）舞弊者在该企业的时间越长，损失中位数往往越大。工作超过十年的舞弊者损失中位数是22.9万美元，工作一年的舞弊者损失中位数仅为2.5万美元。（9）研究中大多数舞弊案例发生在下列六个部门的员工身上：会计、运营、销售、执行官或高层管理人员、客户服务、采购。（10）大多数的舞弊者都是首次犯案、历史清白的员工。接近87%的舞弊者以前从来没有被指责过与舞弊相关的问题，84%的舞弊者从来没有被雇用单位因为舞弊行为处罚或者终止雇用。

6.1.2.2　已有研究的启示

（1）通过对文献的回顾，可以发现针对舞弊手段的研究，与舞弊动机的研究一样，采用了两种视角，即个人舞弊和企业财务舞弊。

以舞弊审核师协会为代表的一些研究者，专注于个人舞弊研究，研究的对象是企业中的个人，研究的问题是个人通过什么样的手段和方式窃取属于公司的财产，损害组织的利益。

以黄世忠、马贤明、郑朝晖等为代表的一些国内研究者，专注于企业财务舞弊。研究的对象是上市公司，研究的问题是上市公司通过怎样的手段和方式获取社会和公众的信任，实现上市公司及其高管层的利益诉求。

（2）针对个人舞弊的研究对审计人员的启示。

国际注册舞弊审核师协会2012年的研究报告对于审计人员了解企业员工舞弊的手段和形式，以及应对的措施具有指导作用。

关于舞弊的类型，可以清楚地看到，资产侵占是主要方式，腐败和票据占员工舞弊的50%，会计、销售、运营、采购、客服和高管是舞弊的高发人群，是审计人员需要重点关注的方向。

关于舞弊侦测的手段，员工的提示是侦测个人舞弊非常有效的方式，这一方面说明了企业舞弊热线的重要作用，另一方面也提醒审计人员，自身在侦测舞弊方面的能力和时间不足，要充分利用企业内部审计人员的工作。

关于小企业员工舞弊危害的结论，授权与舞弊的关系以及关于舞弊防范措施的结论，提醒审计人员在审计的过程中，重视内部控制的有效性评价可能是合理保证企业免受员工舞弊危害的重要方式。

（3）针对企业财务报表舞弊的研究对审计人员的启示。

①企业财务报表舞弊具有相似的动机，利润是指挥棒。

通过黄世忠总结的6种传统的财务报表粉饰手法和6种现代的财务报表粉饰方法，可以看到上市公司财务报表舞弊都是紧紧围绕着“利润”这一核心指标做文章。或者对收入，或者对成本费用，总之，财务报表的舞弊目标和核心任务就是利润指标。

无独有偶，马贤明、郑朝晖总结得出的10种“会计魔法”也都是围绕着收入、费用和利润做手脚，旨在提高财务报表中的利润、资产收益率等指标。4种新手法——MBO、并购、战略投资者、高派现也同样是围绕着利润衍生出的新手法。

研究结论如此惊人地相似，不得不令审计人员重视。结合舞弊动机的研究结果，可以推定在这一致的结果背后，是企业具有相似的舞弊动机。

这个问题在我国股份公司上市条件和增发股份的条件中可以找到部分答案。中国证券监督管理委员会发布的《首次公开发行股票并上市管理办法》，明确规定了公司上市需要满足的财务条件包括：最近3个会计年度净利润均为正数且累计超过人民币3 000万元，净利润以扣除非经常性损益前后较低者为计算依据；最近3个会计年度经营活动产生的现金流量净额累计超过人民币5 000万元；或者最近3个会计年度营业收入累计超过人民币3亿元。

中国证券监督管理委员会发布的《关于上市公司增发新股有关条件的通知》中明确指出申请上市的公司除满足其他条件外，还需要满足以下条件：最近三个会计年度加权平均净资产收益率平均不低于10%，且最近一个会计年度加权平均净资产收益率不低于10%；符合《关于上市公司重大购买、出售、置换资产若干问题的通知》规定的重大资产重组的上市公司，重组完成后首次申请增发新股的，其最近三个会计年度加权平均净资产收益率不低于6%，且最近一个会计年度加权平均净资产收益率不低于6%。

也许，企业财务舞弊还有其他的许多动机，但上市募集资金这一动机，可能在未来一段时间内还是审计人员需要重点关注的舞弊动机。

②企业财务报表舞弊，多数涉及需要作出判断的会计事项。

这些手段除了围绕利润指标这一共同点外，还有一个重要的共同点，那就是在这些手段的背后，都涉及需要作出会计估计或判断的会计处理事项。

例如，关于收入的确认，会计需要判断收入的确认时间、收入确认的条件，这给企业财务舞弊带来操纵的便利。收入造假手段中的填塞渠道，实际上就是利用了收入确认的条件，人为地制造收入。被审计单位可以利用分销商这一缓冲区，通过与分销商的谈判和利益分享，改变收入确认的行业常规，提前确认收入。被审计单位还可以通过三角交易的方式，通过腾转移挪上下游公司一起提高收入，甚至改变收入的性质，将股权转让收入合法化为主营业务收入。

由于收入确认的复杂性、风险性以及企业具有的强烈的舞弊操纵动机，收入一直以来都是审计人员重点关注的领域，也是舞弊的高发领域。美国的一项研究发现，涉嫌财务问题的公司，50%存在收入确认的问题。基于以上种种缘由，就不难理解美国舞弊审计准则SAS No.99、国际舞弊审计准则IASB No.240以及中国注册会计师审计准则第1141号毫无例外地要求审计人员对收入的审计采取“有错推定”的职业怀疑态度了。

同样涉及判断和选择的资产减值、会计估计、资本性支出与收益性支出、关联方交易、或有事项等，毫无疑问，就是舞弊的高发领域，也是审计人员需要重点关注的领域。

6.1.3 可能触发怀疑的各种舞弊迹象

按照美国舞弊审计准则SAS No.99对舞弊的定义：舞弊是一种有意识的行为，通常涉及故意隐藏事实。根据舞弊三角理论，舞弊者在实施舞弊的时候往往具有掩盖事实真相的机会。有鉴于此，阿尔布赖特指出，舞弊者的特征是很难描述的，舞弊是很难预测的。

然而，有关舞弊动机、舞弊手段的研究为审计人员理解舞弊、发现舞弊提供了方向和指引。根据已知的舞弊动机和舞弊常用的手段，审计人员可以找到一些有助于舞弊侦测的线索。

6.1.3.1 相关的研究结论

阿尔布赖特（1984）与其他的研究人员共同努力，并且在内部审计研究基金会的大力资助下，对20世纪80年代早期发生的212起舞弊案进行了研究，并向熟悉此类案件的内部审计师广泛地分发了调查问卷。研究者列出了50种可能导致职务舞弊的红旗警示或迹象，具体包括两类：舞弊者个人特征和组织环境。研究的目的是确定哪些红旗警示与职务舞弊具有更强的关联性。

研究发现，排名前十的个人动机因素依次为：（1）与个人收入不匹配的生活方式；（2）过度地追求个人所得；（3）高额负债；（4）与客户的紧密联系；（5）感觉收入与责任不匹配；（6）圆滑、世故；（7）要击败系统的强烈诉求；（8）嗜赌；（9）不正当的家庭或同业压力；（10）对工作绩效没有清晰认知。

与组织环境相关的因素排名前十的分别为：（1）对关键员工过于信任；（2）缺少恰当的交易授权程序；（3）对个人投资和收入不恰当地披露；（4）资产的交易授权与资产的管理职务没有分离；（5）缺少对绩效的独立检查；（6）不恰当地关注细节；（7）资产的管理和记录职务不分离；（8）会计的相关职务没有分离；（9）缺少清晰的授权和责任链条；（10）内部审计人员不常检查的部门。

阿尔布赖特（2004）进一步将舞弊的风险因素分为六类：会计异常、内部控制缺陷、分析性缺陷、奢侈生活方式、异常行为、暗示与投诉。六类舞弊风险因素仍然是基于舞弊者个人特征和组织环境两个视角。

Moyes、Lin & Jr. Landry（2005）研究了SAS No.99准则中提出的42个舞弊因素，哪些更有效。研究中，采用了5分值的打分办法，最有效是5分，完全无效是零分。动机与压力层面的16个风险因素，最高得分是4.21分，对应的风险因素是经营管理人员受到了上级施加的过分压力，要求达到不切实际的财务目标；最低得分是出现新的法律、法规、准则或监管要求。机会层面的14个舞弊因素的得分普遍较高，其中有7项得分超过4.25分，分别是对接触信息的人员进行限制或限制审计人员与董事会或审计委员会沟通，正常经营活动之外，与关联方发生重大关联方交易，在非业主管理且控制薄弱的企业中，存在管理层小团队支配现象，会计和信息系统失效，重大的内部控制缺乏充分监督等。合理化借口方面的12个风险因素有效性也较高，7项风险因素得分超过4.25分，最低得分是3.72分。

黄世忠（2007）结合阿尔布赖特的分类方法，通过对有关研究文献的梳理，分别列举了管理层面的风险因素、关系层面的风险因素、组织结构和行业层面的风险因素以及财务结果和经营层面的风险因素，一共是68种。

研究者进一步根据财务报表舞弊发生的对象，即相应的会计领域，提出了5类一共84种舞弊风险因素。与销售收入舞弊相关的风险因素如表6-1所示。

6.1.3.2 需要保持警惕的各种迹象

已有的研究结论以及美国舞弊审计准则SAS No.99、国际舞弊审计准则IASB No.240以及中国注册会计师审计准则第1141号都从不同的视角对舞弊风险因素进行了分析，并列举了大量的舞弊风险因素。可以说，审计准则列出的这些因素，更多的是一些间接的影响因素，最终是否真的造成了财务报表舞弊还需要通过财务报表的数据来证实，需要通过具体的审计证据来证实。

表6-1　**与销售收入舞弊相关的风险因素**

与销售收入舞弊相关的风险因素
分析程序表明报告的销售收入过高、销售退回和折扣过低、坏账准备计提不足
与对外报告收入相比，收回现金比例明显偏低
应收账款的增幅明显高过收入的增幅
依据收入测算经营规模不断扩大，存货却呈急剧下滑趋势
当期确认的应收账款坏账准备与过去几年的销售收入相比明显偏高
本期发生的退货与前期销售收入的比率明显偏高
销售收入与经营活动的现金流量相背离
与销售收入相关的交易没有完整、及时记录，或者在金额、分类、期间存在明显不当
记录的收入缺乏凭证支持或者交易未获得恰当的授权
临近期末的收入调整明显地改善了当期的经营业绩
销售交易循环中的关键凭证缺失
不能提供用以证明收入的原始凭证，或者用复印件代替原件的情形屡见不鲜
不能对银行存款往来调节表或其他调节表上的重大差异作出合理解释
销售收入与现金日记账存在明显的不平衡
与销售收入相关的记录（如应收项目）与询证结果存在异常差异
高层逾越销售循环内部控制
新客户、大客户或异常客户未遵循惯常的客户审批程序
企业相关人员对收入和收入的异常解释前后矛盾、含混不清或者难以置信
限制或禁止审计人员接触相关设施、雇员、供应商、客户、记录等有助于确认销售收入的人或物
被审计单位在收入确认上对审计人员施加过分的时间压力
对审计人员要求提供的收入相关的信息拖延搪塞
被审计单位高管对审计人员就收入提出的疑问行为反应失常（如勃然大怒）
接到客户、雇员、竞争对手等关于收入失实的暗示或投诉

阿尔布赖特的研究，实际上存在两个阶段。早期的研究，研究者专注的是职务舞弊中的个人，分析的视角也是寻找个人特征因素和企业组织的特征因素，究竟是哪些因素更可能导致职务舞弊的发生。很显然，早期的研究给了研究者转换视角的理论基础。2004年的研究，研究者转换了视角，将企业财务舞弊作为研

究对象，把企业作为实施舞弊的主体，并进一步分析了企业财务舞弊的动机、机会和合理化解释相关的舞弊风险因素。当第二阶段的研究结束时，阿尔布赖特的企业舞弊风险因素研究与审计准则对舞弊因素的视角和口径已经基本吻合了。

黄世忠等人对舞弊风险因素或者是舞弊预警信号的研究，在审计准则和阿尔布赖特的研究基础上更进了一步，研究者期望通过财务数据的异常变动给出财务舞弊更具体的、更直接的舞弊预警信号。通过其研究，也可以发现，作者主要通过其擅长的财务分析技术挖掘财务报表舞弊风险预警信号，相关的信号也主要是财务报表中的各种财务数据及相关比率的变化。

结合风险导向审计的流程和已有的研究结论，被审计单位通过与宏观和行业经济环境的相互作用，可能导致采取不恰当的财务报表舞弊行为，并进一步在财务报表的数据和披露中表现出来。其相互作用的示意图如图6-2所示。

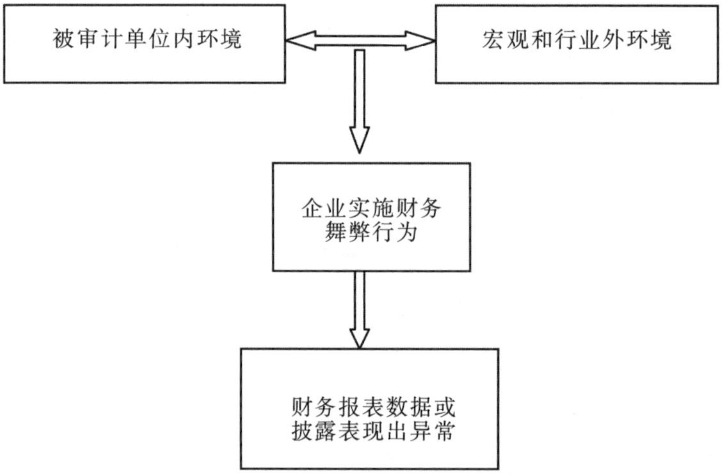

图6-2　企业财务报表舞弊行为发生机制

按照企业财务报表舞弊行为的作用机制，可以将舞弊风险因素分为两大类三小类。两大类具体包括能够导致舞弊发生的舞弊风险因素和财务报表舞弊后表现出来的特征风险因素。前者是病因，后者是病症，审计人员根据病因和病症就可以辨证，确诊企业究竟是否实施了财务报表舞弊行为。

与宏观和行业环境相关的风险因素包括：

（1）所处行业市场竞争激烈或者市场饱和，毛利率不断下降；

（2）行业正在进行技术更新，新产品将取代老产品，变革的速度很快，如液晶电视取代显像管电视、智能手机取代传统手机；

（3）客户需求出现大幅度下滑，所处行业或整体经济环境极为不景气；

（4）颁布新的法律法规、监管要求或会计准则；

（5）交易所明确的上市或增发条件要求；

（6）投资分析师、机构投资者或其他外部主体对被审计单位不切实际的盈利或增长预期。

与被审计单位内环境相关的舞弊风险因素：

（1）董事会或股东对管理人员施加了过分的压力，以实现遥不可及的财务目标；

（2）管理层的个人财务利益受到被审计单位财务业绩的影响，取决于是否实现激进的财务目标，如存在股权激励、基于盈利的支付计划；

（3）在由非业主管理且缺乏控制的企业中，管理层由一人或一个小团体操控；

（4）企业或高管有涉嫌舞弊的不良记录，如遭受处罚或起诉；

（5）管理层倡导了不恰当的价值观或道德标准，或者不对正确的价值观或道德标准进行有效的宣传；

（6）组织机构复杂，且复杂的程度极不合理；

（7）为维持现有债务需要获得额外担保品；

（8）对单一或少数产品、顾客或交易过度依赖；

（9）重大内部控制缺乏有效监督，董事会或审计委员会未能对财务报告程序和内部控制系统进行有效监督；

（10）会计和信息系统失效。

财务报表舞弊常常表现出的相关的异常迹象：

（1）管理层与当前或前任审计人员关系紧张，表现为频繁更换审计人员或事务所，限制审计人员获取审计证据的能力，不尊重审计人员等。

（2）在正常经营活动外，与关联方发生了重大关联交易。

（3）企业高层管理、会计或内部审计等关键技术人员流动性很大，或者这些重要岗位的员工不称职。

（4）存在引发“实质重于形式”问题的异常、重大或高度复杂的交易，尤其是在年末发生类似的交易。

（5）与同行业相比增长速度过快或存在非常收益。

（6）分析程序揭示的重大波动，无法得到合理的解释，如解释不清的高利润业务、销售增长与应收账款、成本严重不匹配等。

（7）企业的收入、现金流量和税收负担极不相称。

（8）企业的业绩受到会计估计、或有事项等涉及会计判断的重大事项的严重影响。

（9）股东人数有限的被审计单位股东之间存在争议等。

审计人员要综合考虑各种舞弊风险因素，从而对被审计单位的财务舞弊行为保持应有的职业怀疑态度。审计人员在不同的阶段，对于舞弊风险因素的关注焦点应有所侧重。在业务承接和了解被审计单位及其环境识别和评估重大错报风险阶段，审计人员需要重点关注的舞弊因素是可能诱发舞弊的环境因素，随着审计的深入，对于具体舞弊表现出来的特征因素则要格外重视。

6.2 分析程序：识别可疑领域的有用技术

分析程序是指注册会计师通过研究不同财务数据之间以及财务数据与非财务数据之间的内在关系，对财务信息作出评价。分析程序还包括调查识别出的、与其他相关信息不一致或与预期数据严重偏离的波动和关系。分析财务数据之间以及财务数据与非财务数据之间的内在关系，是分析性程序的切入点，是分析性程序区别于其他审计程序的主要特征，也是分析性程序得名的原因。

Koonce（1993）认为，分析程序是一个诊断性的、序列的、具有重复性的诊断推理过程，由四个部分组成：心理表征（mental representation）、解释生成（hypothesis generation）、信息搜索（information search）、解释评估（hypothesis evaluation）。心理表征阶段，审计人员首先通过获取和评价相关问题的信息识别企业财务报表不正常的变动；紧接着对识别出的不正常变动形成可能的解释（解释生成）；最后搜寻并评价与这些解释相关的信息（信息搜寻和假设评价）。通过这四步，审计人员完成诊断过程，并形成进一步行动的决策。

Hirst & Koonce（1996）将分析程序的实施过程进一步分为五个步骤：预期生成、解释生成、信息搜索、解释评估、决策及记录。分析程序的实施过程如图6-3所示。

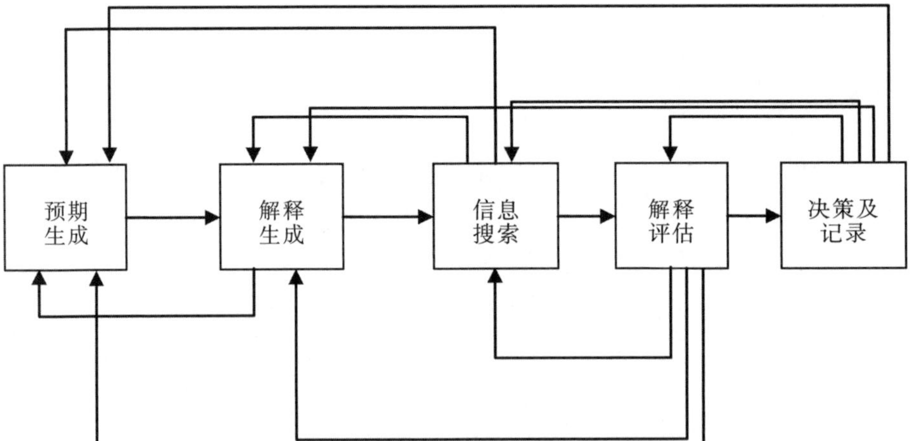

图6-3 诊断性的、序列的、具有重复性的分析程序过程

6.2.1 风险导向审计中分析程序的使用

刘明辉（2013）认为，风险导向审计注重运用分析程序，既包括财务数据分析，也包括非财务数据分析，并且使用的分析工具日趋多样化，如战略分析、绩效分析、趋势分析等。

陈毓圭（2004）认为，20世纪90年代，会计师事务所开始对传统的风险导向审计方法进行改进，改进后的审计方法（经营风险导向审计）注重运用分析程序，以识别可能的重大错报风险。

分析程序，作为识别和确定财务报表和其他财务关系非预期变动的诊断过程，已经变成审计的重要组成部分。由于对审计效果和效率的关注日增，分析程序正逐渐被用作审计详细测试的重要替代和补充手段（Lisa Koonce，1993）。

多位学者的研究都表明，在风险导向审计阶段对分析程序依赖程度加深，分析程序使用的工具已趋多样化。在风险导向审计模式下，职业怀疑更像是审计业务推进的定向机制，而分析程序则是审计业务得以顺利完成的重要推动力。

6.2.1.1 对风险导向审计模式的认识

为了更好地理解风险导向审计对分析程序的依赖，有必要对风险导向审计建立更系统、完整的认识。

（1）风险导向审计模式产生的原因

关于风险导向审计模式产生的原因，有关学者从审计执业环境和审计行业自身发展两个视角进行了总结，形成了基本共识（Knechel，2007；刘明辉，2013；张龙平，2006；陈毓圭，2004；唐建华，2012；汪寿成，2009）。

从审计执业环境看，企业规模日益扩大，业务经营日趋复杂，在时间和成本约束下，程序导向的审计已经无法有效实现审计目标。社会公众要求审计人员对财务报表是否存在由于舞弊或错误导致的重大错报作出合理保证。在这样的执业环境中迫使审计人员必须寻找能够有效降低审计风险的审计模式。

20世纪70年代以来，连续不断的审计失败案例判决以及有关监管机构，都对审计人员应该承担的职业责任提出了新的要求。审计人员不仅要对由于错误导致的重大错报负责，也要对由于企业和员工舞弊造成的重大错报作出合理保证。

企业组织的发展对审计职业提出了挑战，传统的制度基础审计的局限性日益显现，花费大量的人力物力来完成事无巨细的实质性测试，得到的审计结果可能没有任何意义。因为就具体的证据而言，公司的管理层可操纵的空间越来越大，而且公司巨大的规模和业务的复杂性使得具体的证据越来越缺乏说明力；一直以来备受注册会计师青睐的内部控制也可能因为管理层的操控而形同虚设。

从审计行业自身发展看，一方面激烈的审计行业竞争，迫使审计人员必须寻求成本更低、效果更好的审计方法；另一方面，审计人员在经历了制度导向审计阶段之后，对风险和企业有了更科学的认识。

激烈的市场竞争使得审计服务缺乏增长空间，审计业务收入在事务所收入中的比例越来越低，而与之相对应的审计成本却不断增长，致使审计业务步履维艰。恰在此时，风险管理理论形成，为风险导向审计提供了理论基础（Knechel，2007）。

（2）风险导向审计方法的显著特点

汪寿成（2010）认为，现在风险导向审计的理论基础是审计基本理论、系统论和战略管理理论。要对财务报表不存在重大错报作出合理保证，审计人员不能不了解企业与外部环境以及企业内部各子系统的相互关系。作出这种了解，需要审计人员以战略管理理论为基础，认识企业及其商业模式。

刘明辉（2013）认为，风险导向审计的总体特点主要有：

①责任前移，重心前移。由于公司治理缺陷以及管理舞弊是风险的集中来源，因此以固有风险为基础的重大错报风险是风险导向审计的“牛鼻子”。要把握财务报表审计中的重大错报风险，首先需要做的就是充分了解企业的战略目标、经营环境、企业治理结构和内部控制。

②风险导向审计从系统论和战略管理理论出发，通过对经营环境—产品—商业模式—剩余风险分析，从源头和宏观上识别和评估财务报表存在的重大错报。

③突出分析程序的作用。尽管在传统审计中也使用分析程序，但分析程序的作用并没有得到足够重视。内部控制导向审计阶段侧重的主要是对财务信息的分析，而风险导向审计阶段则将范围扩展至非财务信息，而且在风险导向审计的三个阶段都突出强调了分析程序的重要作用，分析程序更趋结构化、系统化。

④风险导向审计的目标是合理保证财务报表不存在重大错报，增强财务报表的可信性。为达到此目标，审计人员需要保持职业怀疑态度，通过职业怀疑的触发，引领审计证据搜寻和评价，直至排除审计职业怀疑形成审计结论。如果说，内部控制导向审计主要依靠内控和实质性测试标准化表格等工具计划和实施审计工作，风险导向审计则主张职业怀疑引导下的个性化和无法预见的审计程序。

唐建华（2012）强调，经营风险导向审计适应了企业资产无形化、会计估计越来越重要的现实环境。在讨论经营风险导向审计是否能够有效发挥作用时，他指出如何执行好经营分析、高层次内部控制的了解和测试以及高精度分析程序是至关重要的。

6.2.1.2　分析程序在风险导向审计中的使用

（1）分析程序在审计各阶段的作用

分析程序的理论基础在于，企业作为运行于整个经济环境中的一员，不可能孤立存在，必然与所处经济环境发生动态的联系，存在某种不可改变的经济规律，即商业逻辑；管理当局可以操控某些财务信息或非财务信息，但不可能操纵全部业务信息。因此，在实质性测试受到局限、内部控制无法确信的情况下，分析程序的探测作用日益显现并受到重视。

分析程序的使用贯穿风险导向审计的始终：在审计人员了解被审计单位及其环境过程中，作为风险评估程序，识别和评估财务报表可能存在的重大错报；在应对评估的重大错报风险时，作为实质性程序，获取相关可靠的审计证据；在审计工作临近结束时，进行总体分析，以便于审计人员对财务报表形成整体结论。其在各阶段的作用如图6-4所示。

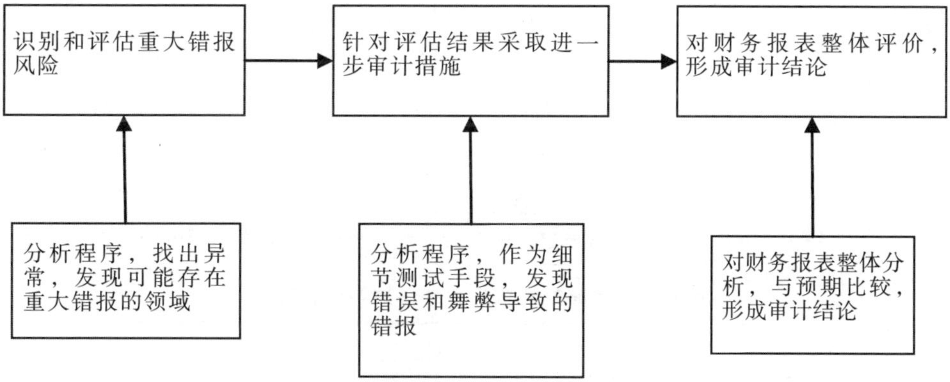

图6-4　分析程序在审计不同阶段的作用

（2）作为风险识别和评估手段的分析程序

风险导向审计中，合理的职业怀疑引领审计资源配置，分析程序则是形成合理职业怀疑的有效手段。在风险导向审计过程中，审计人员基于战略系统视角的分析程序包括战略分析、经营模拟、核心流程分析、资源管理流程分析、信息管理流程分析。审计人员通过充分、全面地了解被审计单位的经营与行业环境，形成有关财务报表认定的正确预期，以及当认定与预期不一致时，提供某种会提高审计职业怀疑的洞察力（刘明辉，2013）。

从本质上说，风险导向审计中，分析程序是综合的，需要充分地了解被审计单位的经营活动以及行业及整体经济状况。图6-5提供了战略分析程序的概要。

在风险导向审计中，分析程序也是结构化的。在了解被审计单位及其经营环境时，风险导向审计使用了结构化的“客户经营模型”来组织和整合所收集的有关客户经营和行业的信息，客户经营模型如图6-6所示。

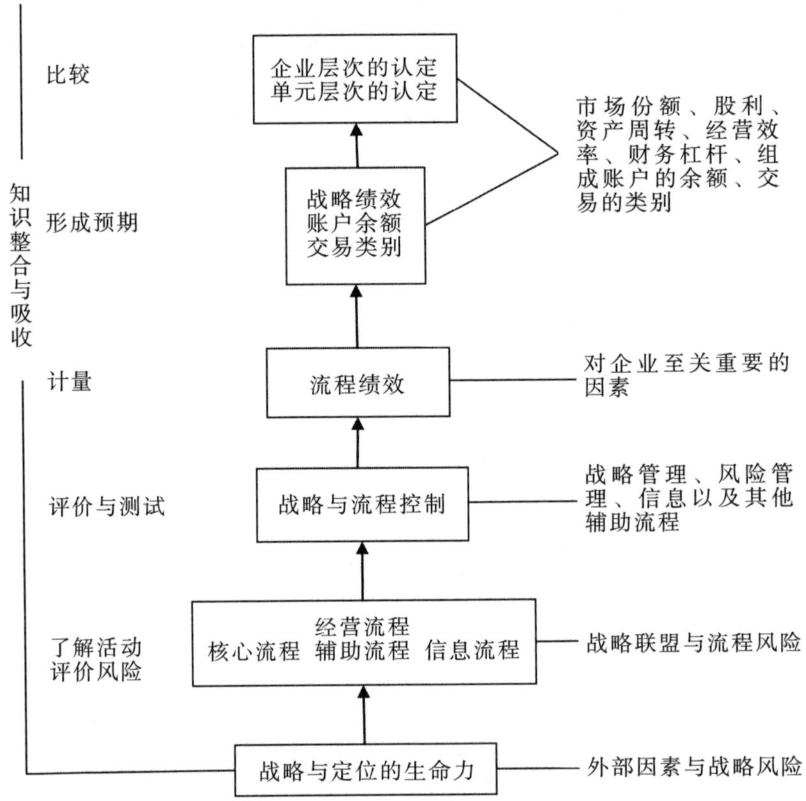

图6-5 战略系统分析程序（刘明辉，2013）

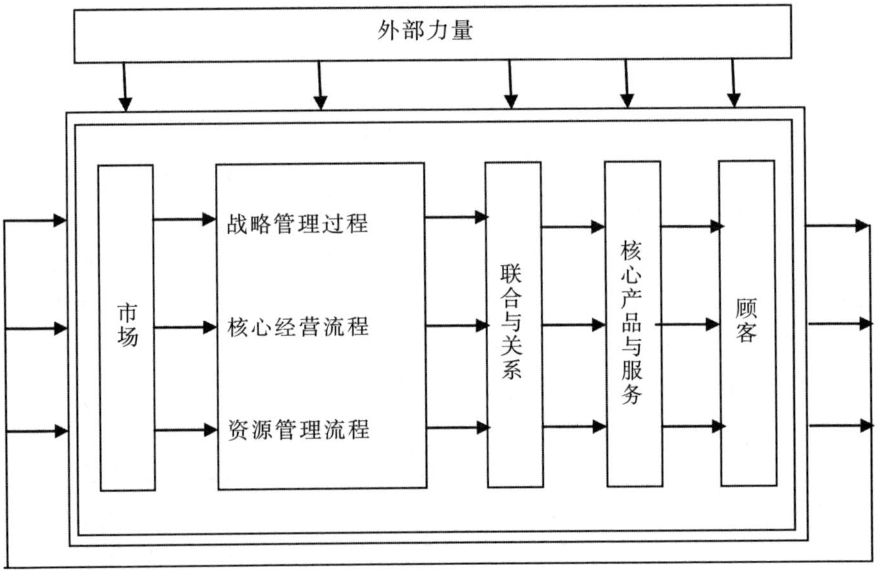

图6-6 客户经营模型框架

6.2.2 分析程序的局限性及其克服

分析程序是风险导向审计中识别重大错报风险非常有效的工具。分析程序的使用恰当与否，将关系到审计职业怀疑的恰当与否，并进一步影响审计资源的配置。有鉴于此，审计人员应该对分析程序的局限性有清醒的认识。

汪寿成（2010）认为，分析程序的局限性可能表现在以下方面：期望值过于简单或期望值确定出现错误；分析程序使用的数据不可靠；对分析结果的解释不客观；对指标之间的内在联系认识不足等。Hirst & Koonce（1996）的研究表明，审计人员执行分析程序时使用的大多数信息都来源于被审计单位，对于异常变动的解释也往往来源于对被审计单位相关人员的询问，询问的对象主要是被审计单位的会计人员。

针对分析程序执行过程中出现的问题，审计人员可以有针对性地采取一些措施予以弥补。

首先，审计人员要充分利用客户经营模型框架，来指导和组织对宏观环境、行业信息以及企业相关信息的收集，以便形成科学合理的预期。科学合理的预期是审计职业怀疑触发的前提，要在对竞争者分析的基础上形成同业分析预期，在前期分析的基础上形成纵向预期，在对非财务数据分析的基础上形成财务预期。合理预期还包括对会计政策、会计估计的预期。形成了科学的合理预期，可以识别企业通过虚构业务进行的舞弊，也可以识别通过激进会计处理实施的舞弊。合理预期的形成过程与信息收集和各种分析程序的关系如图6-7所示。

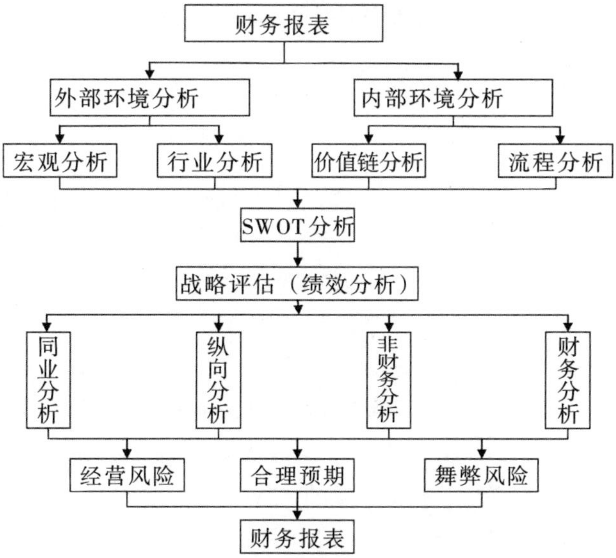

图6-7 合理预期的形成过程

其次，对于各种信息和数据的来源，要充分考虑其可靠性。不同的来源会对信息的可靠性造成不同的影响，来自利益相关方的信息需要格外关注。被审计单位是利益相关方，因此无论是形成合理预期还是生成合理解释，都不能过分倚重被审计单位及其相关人员提供的信息，需要从多种信息来源获取信息。此外，由于审计的时间压力，审计人员应该考虑在期中或者其他时间获取被审计单位各种相关的信息。

最后，审计人员和事务所应该在审计客户和行业选择上慎重考虑，尽可能形成具有专业特长的审计领域。这使得审计人员对被审计单位更了解和熟悉，对被审计单位商业逻辑更熟悉，有利于审计人员更好地形成预期和分析变动。

6.3 独立性要求：保持职业怀疑的身份要求

“独立性（independence）是现代审计中的一个十分重要的概念，它不仅是对注册会计师的一项重要的品行要求，同时也是独立审计的精髓所在。没有审计的独立性，就没有审计的权威性。”（刘明辉，1997）

职业怀疑根植于审计的本质，审计准则要求审计人员在计划和实施审计过程中必须保持职业怀疑态度。保持职业怀疑贯穿风险导向审计始终，职业怀疑引领着审计资源的配置。

可见，独立性和职业怀疑两者之间具有紧密的联系。对两者关系的探究，有利于审计人员在执业过程中更好地保持独立性和职业怀疑。

6.3.1 独立性与职业怀疑的关系

6.3.1.1 独立性的含义

按照《中国注册会计师职业道德守则》的定义：“独立性包括实质上的独立性和形式上的独立性。

“（1）实质上的独立性是一种内心状态，使得注册会计师在提出结论时不受损害职业判断的因素影响，诚信行事，遵循客观和公正原则，保持职业怀疑态度；

“（2）形式上的独立性是一种外在表现，使得一个理性且掌握充分信息的第三方，在权衡所有相关事实和情况后，认为会计师事务所或审计项目组成员没有损害诚信原则、客观和公正原则或职业怀疑态度。”

莫茨和夏拉夫（1961）指出，在独立审计中，独立性包括三个方面：

首先，独立性是审计人员作为职业专家，在从事业务时应保持的态度和方法上的独立性。它包括审计人员的自信心、不受委托人约束、熟练的技术和能力、根据自身的职业素养作出的深思熟虑的判断。倘若不具有这种独立性，审计人员充其量只是个熟练的手艺人，而不是职业人士。

其次，独立性是审计人员在按照其制定的审计方法实施检查和验证时所必需的独立性。这种独立性是不带任何偏见和成见的。要获得这样的独立性，审计人员要关注各种可能影响自身态度从而危及独立性的各种压力。

最后，应认识到，公众对审计人员地位的认识和接受，对于审计人员达到成功的目的是至关重要的。只有公众认可了审计人员的独立性，审计才会被他人信任，并充分发挥其为社会服务的潜在能力。

6.3.1.2 职业怀疑与独立性

通过对独立性内涵的回顾，以及本书之前对职业怀疑的研究，职业怀疑与独立性至少在以下方面存在着紧密的联系。

从职业道德守则对独立性的定义可以看到，无论是实质性的独立还是形式上的独立，定义中都包含着职业怀疑概念。在实质性独立的定义中，强调独立是一种心态，使得审计意见免受损害职业判断因素的影响……保持职业怀疑态度。这与莫茨和夏拉夫对实务人员独立性的理解具有相似之处。他们认为，实务人员的独立性是指审计人员在制订审计计划、实施审计程序和编制审计报告过程中保持适当态度的能力。沿着两位专家的观点，我们可以大胆地推论：独立性是这样的一种心态，是一种有助于审计人员在审计过程中保持职业怀疑态度的能力。

独立性发挥作用的路径是抵制损害职业判断因素的影响，实质是提高职业判断的质量和水准。在其定义中，认为客观、公正和保持职业怀疑态度是有利于形成高质量职业判断的态度，这与职业怀疑通过修正审计人员职业判断中可能因为信息源的不可靠和逻辑的不严密造成的影响，具有共同之处。所不同的是，独立性发挥作用是借助客观、公正和职业怀疑的态度，职业怀疑处于中间发挥着桥梁作用。

根据世界通信2002年4月22日提供的“征集投票权声明”（proxy statement），安达信2001年共向世界通信收取了1 680万美元的服务费用，其中审计收费440万美元、税务咨询760万美元、非财务报表审计（主要是外包的内部财务审计）160万美元、其他咨询服务320万美元。世界通信历来是安达信密西西比杰克逊分所最有价值的唯一客户。据说安达信杰克逊分所的设立，目的就是为了“伺候”和保住世界通信这一给安达信带来不菲审计和咨询收入的客户。让我们看看这些严重危及独立性的因素对职业怀疑造成了怎样的影响：世界通信管理当局蓄意将财务审计排除在内部审计部的法定职责之外，只准予内部审计部从事经营绩效审计；世界通信的会计记录存在着大量的高层调整（top-side adjustments)，即公司总部直接给子公司等分支机构下达账项调整指令，而没有提供相关的授权签字和原始凭证等书面材料；世界通信的管理当局具有提供虚假财务报告的强烈动机，包括：①首席执行官埃伯斯持有世界通信大量股票并以此作为个人贷款的质押；②世界通信迫切需要保持高股价以维持以换股方式进行收购兼并的吸引力；③世界通信需要保持较高的投资和信用等级以发行票据和债券（2000年和2001年发行的票据和债券分别高达50亿美元和118亿美元）；④世界通信所处电信行业发生逆转，风险居高不下，表现为竞争激烈、市场饱和、盈利下降、倒闭不断、坏账剧增；⑤世界通信经营特征和财务状况所反映出的异常现象，如收入和盈利的高速增长所创造的现金流量不足以弥补其资本支出、世界通信面临着通过发行股票或举债来为其经营活动和资本支出筹措资金的巨大财务压力、与竞争对手相比所显出的异常盈利能力（如AT&T从2001年起因电信行业的逆转开始发生大规模亏损，而世界通信仍然报告巨额盈利）。以上种种情况不论是未引起注册会计师的职业怀疑还是只有怀疑、没有排除怀疑，我们都可以据此得出结论，没有独立性，职业怀疑只能是一句空话。

另外，独立性是一种内在的心理状态，也需要外在的表征。虽然职业怀疑也是一种态度，但是职业怀疑外在的表征更容易，可以通过更广泛的证据搜寻，更多归因解释的寻找，进一步的审计程序表现出来，更可以通过审计工作底稿留下职业怀疑的轨迹。相对而言，独立性的表征就很困难，更不用说在工作底稿中体现出来。逻辑上可以认为，保持了职业怀疑也就保持了审计独立性，因此职业怀疑成为审计人员保持独立性的重要表征。

6.3.2 应对可能对独立性产生不利影响的事项

审计人员的独立是指不依附外力，且不受外界束缚。审计人员的独立，一方面要求审计人员不得主动去依附外力，另一方面要求当外力对审计人员施加控制或影响时，审计人员应当能够抵御而不受束缚。正是因为这样的独立身份，使得审计人员具有了保持职业怀疑态度的能力。

因此，在审计执业过程中，从保持职业怀疑的角度看，应对损害审计独立性的各种事项显得尤为重要。

审计人员应当同时保持实质上的独立性和形式上的独立性。审计人员只有做到实质上的独立，才能真正保持客观和公正的立场。但是实质上的独立性难以衡量，因此，中国注册会计师执业守则也要求审计人员保持形式上的独立性。如果审计人员不能保持形式上的独立性，即使其内心能够达到实质上的独立，守则也不允许这样的情形。例如，审计项目组成员的配偶在审计客户中担任董事，即使该成员保证自己能够不受配偶的影响损害自己的职业判断，但在外界看来该成员将受到影响而难以保持客观和公正的立场。因此，如果会计师事务所人员的配偶在审计客户中担任董事，则不得安排该人员进入审计项目组。

当然，如果审计人员是无意中违背了形式上的独立性，则需要具体分析。例如，审计项目组成员在上海工作，其在北京的妹妹购买了审计客户的股票，而审计项目组成员并不知悉这一情况。如果该成员不知悉这一情况，则这一情形在实质上不会对该成员的职业判断产生不当影响。如果会计师事务所具有相关政策和程序，并且能够立即纠正发现的违规情况，并采取必要的措施消除不利影响或将其降低至可接受的水平，通常不被视为损害独立性。

独立性概念框架，是分析解决独立性问题的思路和方法，帮助审计人员识别、评价和应对可能对独立性产生的不利影响。分析思路如图6-8所示。

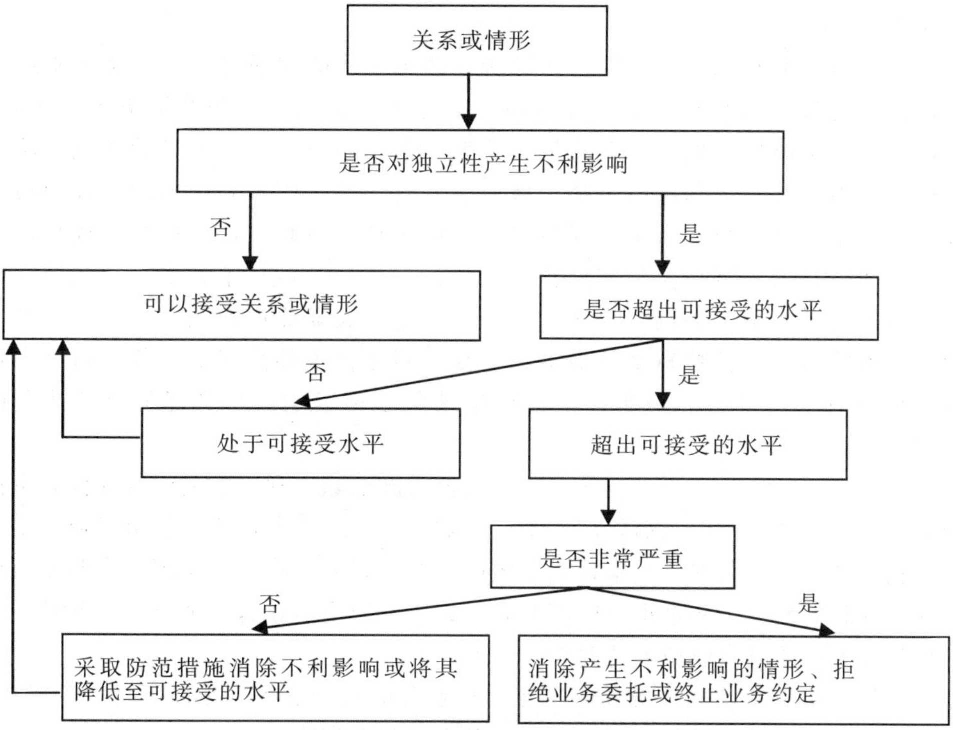

图6-8　独立性概念框架分析思路

首先，审计人员应当识别对独立性产生不利影响的情形。职业守则列举了多种可能对独立性产生不利影响的情形，例如，审计人员在审计客户中拥有经济利益、审计人员与审计客户中的董事具有家庭或私人关系、向审计客户提供非鉴证服务等。这些情形可能因自身利益、密切关系、自我评价等对独立性产生不利影响。然而，由于执业环境的发展性和复杂性，职业道德守则难以涵盖所有的可能对独立性产生不利影响的情形。因此，审计人员应当根据独立性概念框架来分析具体情况，识别各种情形对独立性可能产生的不利影响。

如果存在对独立性原则产生不利影响的情形，审计人员应当评价不利影响的严重程度。职业道德守则为评价某些情形提供了判断严重程度考虑的因素。在评价严重程度时，审计人员应当从性质和数量两个方面考虑。例如，审计项目组成员拥有审计客户的股票，性质非常严重，即使会计师事务所的某人员只拥有一股，也不得将该人员分配至审计项目组。再如，审计项目组成员通过基金而拥有审计客户的股票，属于间接经济利益，需要结合数量评价不利影响的重要程度，如果审计项目组成员持有的间接经济利益对其并不重要，则产生的不利影响可以接受。对某些情形本守则列举了评价不利影响的考虑因素，对某些情形本守则没有列举评价的考虑因素，审计人员应当根据独立性概念框架进行评价。

如果不利影响的严重程度超出可接受的水平，能够通过防范措施消除或将其降低至可接受的水平，则可以按照职业道德守则列举的防范措施予以应对。审计人员也可以根据独立性概念框架采取其他的防范措施。常见的防范措施主要包括：由拥有经济利益的人员处置经济利益、将受到不利影响的审计项目组成员调离审计项目组、由审计项目组以外的审计人员复核审计项目组成员已执行的工作、定期对审计业务实施独立的质量复核、向客户审计委员会或监管机构或注册会计师协会咨询、与客户治理层讨论有关职业道德问题、由其他会计师事务所执行或重新执行部分业务、轮换项目合伙人和高级员工等。审计人员应当根据具体情形选择适当的防范措施消除不利影响或将其降低至可接受的水平。

如果不利影响非常严重，导致没有防范措施消除不利影响或将其降低至可接受的水平，审计人员应当消除产生不利影响的情形，或者拒绝接受审计业务委托或终止审计业务。例如，对审计业务按照或有收费方式收费，将因自身利益对审计人员的独立性产生非常重大的不利影响，因此应当消除这一情形，也就是不得对审计业务按照或有收费方式收费。

审计人员保持独立性的要求贯穿执行业务的整个过程。在以下各个阶段中，审计人员应当识别、评价和应对可能对独立性的不利影响：

在确定是否接受某项业务时，会计师事务所应当识别是否存在因自身利益、自我评价等对独立性产生的不利影响。例如，会计师事务所的金融资产中是否包括审计客户的股票、会计师事务所的前任关键审计合伙人是否在审计客户中任职。如果存在这些情形，审计人员应当评价其产生的不利影响的严重程度，并在必要时采取防范措施消除不利影响或将其降低至可接受的水平。

在确定某一特定人员是否作为审计项目组成员时，会计师事务所也应当识别可能对独立性产生不利影响的情形。例如，审计项目组成员的配偶在审计客户中担任财务总监，这一情形将对该成员的职业判断产生不当影响。如果存在这些情形，会计师事务所应当评价不利影响的严重程度，并在必要时采取防范措施消除不利影响或将其降低至可接受的水平。例如，会计师事务所不将该人员分配至审计项目组。

在确定是否保持某项业务时，会计师事务所应当与接受业务一样识别、评价和应对可能对独立性产生不利影响的各种情形。另外，会计师事务所还应当确定现有的防范措施是否仍然有效，如果无效，是否需要采取其他防范措施或者终止审计业务。

在执行审计业务的过程中，可能出现对独立性产生不利影响的新情况。如果注意到这些情况，会计师事务所应当运用独立性概念框架识别和应对。例如，在执行审计业务的过程中，审计项目组成员与审计客户进行雇佣协商，很可能到审计客户中任职，这一情况可能对该成员的独立性产生不利影响。会计师事务所一旦发现，应当评价不利影响的严重程度，采取将其调离审计项目组或由其他的注册会计师复核其已执行的工作等防范措施，消除不利影响或将其降低至可接受的水平。

审计人员独立的身份特征是保持合理怀疑的保证。独立了，注册会计师才能牢记自己服务公众的崇高使命，才能具有保持职业怀疑的勇气和信心。没有独立性的保证，便没有职业怀疑的存在，审计的质量便无从谈起，触目惊心的审计失败案正是前车之鉴。因此，要充分利用独立性概念框架，对影响独立性的各种事项采取应对措施。

6.4　专家的鉴定：排除职业怀疑的补充措施

在审计过程中保持职业怀疑态度，一方面是为了保证审计证据的质量，以避免因为审计证据质量低下，造成审计失败；另一方面是为了提高审计判断的逻辑严密性，以避免审计证据链条的逻辑缺陷，造成审计失败。

由于经济环境的复杂多变，科学技术的日新月异，可能因为被审计单位业务的特殊性，出现审计人员专业能力不足的情况。从保持职业怀疑的角度看，审计人员已经不具备评价被审计单位相关认定的专业能力，审计证据的链条出现了逻辑缺陷。为了弥补审计人员能力不足造成的证据链条的逻辑缺陷，审计人员有必要利用专家的工作。利用专家工作，又产生了证据可靠性和胜任能力等新的问题，审计人员需要保持应有的关注。

6.4.1　利用专家工作，弥补审计人员能力缺陷

在具体的审计业务中，审计人员可能需要利用某一领域专家，以获取充分、

相关的审计证据。例如，对复杂的金融工具进行估价，需要金融工程方面的专业人士；对土地及建筑物进行估价，需要房地产估价师；对于保险合同相关的负债进行测算，需要保险精算师；对石油或天然气储量进行估算，需要石油天然气勘探专家；对合同、法律或法规进行解释，需要法律专家；对复杂或异常的纳税问题进行分析，需要税务专家。

项目合伙人需要在执行业务前，确信项目组或不属于项目组的专家，整体上具备相应的专业胜任能力和专业素质，足以执行该审计业务。如果认为专业胜任能力不足，需要利用专家工作，则要根据审计项目情况，确定何时利用以及在多大程度上利用。

利用专家工作的目的，就是要保证审计项目组具备应有的专业胜任能力，能够保证审计证据的逻辑链条的严密性。在审计的各个阶段，都可能需要利用专家的工作。在了解被审计单位及其环境时，利用专家工作可以更有效地对特殊的领域形成合理的预期；在识别和评估重大错报风险时，利用专家工作更有利于发现可能的重大错报风险并进行科学评估；在应对重大错报风险时，可以利用专家工作获取充分、适当的审计证据。

6.4.2 评价专家工作，保证证据效力

利用专家工作为审计人员突破专业领域的局限提供了可能，但也使得审计人员面临评价专家提供审计证据质量的问题。

对专家工作的评价，主要是从两个方面进行：一方面需要评价专家的专业胜任能力、专业素养和客观性；另一方面需要评价专家工作的恰当性。

在利用专家的工作时，审计人员应当评价专家的专业胜任能力和客观性，包括考虑：专家是否具有适当职业团体授予的专业资格或执业许可证，或是适当职业团体的会员；在审计人员寻求审计证据的领域中专家的经验和声望。当利用会计师事务所内部专家的工作时，审计人员可以依赖会计师事务所的招聘和培训系统确定专家的专业胜任能力，而不必就每一项审计业务对专家的工作进行评价。

当存在下列情况时，专家的客观性可能受到损害：专家受雇于被审计单位；专家在其他方面与被审计单位存在关联关系，如经济上依赖于被审计单位或投资于被审计单位。如果对专家的专业胜任能力或客观性存有疑虑，注册会计师应当与管理层交换意见，并考虑能否通过专家的工作获取充分、适当的审计证据。必要时，审计人员应当考虑实施追加的审计程序，或利用其他专家获取审计证据。

审计人员应当获取充分、适当的审计证据，以确信专家的工作范围可以满足审计的需要。在将专家工作结果作为审计证据时，审计人员应当评价专家工作的

适当性，包括评价专家工作结果是否在财务报表中得到适当的反映或支持相关认定，以及考虑下列因素：专家使用的原始数据；专家使用的假设和方法及其与以前期间的一致性；专家工作的结果与注册会计师对被审计单位的了解和实施其他审计程序的结果是否相符。

7 研究的贡献、局限性与未来研究方向

前面各章对职业怀疑的内涵、职业怀疑的理论地位和作用、职业怀疑的作用机理、影响职业怀疑发挥作用的因素、如何在审计业务中保持恰当的职业怀疑等理论和实务问题进行了系统研究。

本章将对全书进行总结，主要由三部分组成：研究的贡献、研究的局限性以及未来研究方向。

7.1 研究的贡献

与已有的研究相比，本书的主要创新和贡献体现在下列几个方面：

（1）本书对职业怀疑相关问题展开系统、全面的研究，并在此基础上首次构建了较为完备的职业怀疑理论体系。职业怀疑理论体系包括职业怀疑基础理论和职业怀疑应用理论。基础理论包括职业怀疑的内涵、理论地位和作用、作用机理；应用理论包括职业怀疑在审计过程中的作用机制以及实现模式。本研究的结论，有助于有关的研究人员和实务工作者对职业怀疑进行全面的理解和把握。

（2）本书对职业怀疑内涵的分析，使得职业怀疑的概念更清晰。本书从职业怀疑主体、职业怀疑客体、职业怀疑的本质、职业怀疑的逻辑和职业怀疑的原则多个视角，对职业怀疑的内涵进行了分析。通过本书的分析，职业怀疑的内涵有了较之以前更清晰的界定。

（3）基于理论分析，本书构建了职业怀疑针对不同客体的作用模型。该模型使得审计人员和理论研究者对职业怀疑发挥作用的方式有了初步的了解，为审计人员在实务工作中保持职业怀疑提供了方法指导。

（4）本书对职业怀疑作用机理的研究，从认知的角度、感觉的缺陷等视角分析了职业怀疑在提高审计判断水准方面是如何发挥作用的。对职业怀疑影响因素的研究及其模型的构建，使得职业怀疑作用机制更清晰。这些研究结论不仅有助于审计人员理解职业怀疑，消除各种影响职业怀疑发挥作用的因素的影响；也有助于会计师事务所制定有关质量控制制度，建设恰当的事务所文化，以及科学的人力资源遴选和培训制度；这些结论还有助于审计准则制定机构、相关的行业监

管机构更好地制定相关的政策和制度，促进审计质量的提高。

（5）关于审计实务中，如何保持恰当职业怀疑的研究，依据触发职业怀疑—排除职业怀疑—形成审计报告这一路径，按照审计责任归因的实际情况进行了具体的分析。该部分的研究，为评价审计人员是否保持了合理的职业怀疑提供了可供参考的框架。

（6）针对审计实务中，保持职业怀疑需要特别强调的几个关键问题的研究，为审计人员切中要害、把握职业怀疑提供了理论支持。

比如说，通过对舞弊动机、手段和迹象相关文献的梳理和探究，让审计人员对舞弊有了更深刻的认识，构建的基于舞弊迹象的诊断模型，为审计人员在审计不同阶段保持职业怀疑提供了框架性的指引。对分析程序相关理论、方法以及局限性的研究，有助于审计人员更好地利用分析程序，服务于职业怀疑的触发和排除，进而形成合理的审计意见。

7.2　研究的局限性

作为一项探索性的研究，同时限于笔者的学识以及时间的压力，本书至少在以下方面存在着不同程度的局限性：

（1）研究方法上，本书采用了规范研究、案例研究和开放式访谈的研究方法，通过对相关文献和理论的深入探究，通过审计失败的案例寻找职业怀疑相关问题的答案。虽然笔者针对一个探索性的问题，一个具有规范性特征的研究主题，但未采用实验研究方法仍是本书的局限。

（2）在研究内容上，本书主要针对职业怀疑基本理论问题进行了系统研究，相对而言，对审计人员在具体审计业务中相关职业怀疑的具体问题的研究仍有较大的差距。

（3）本书的研究，充分地吸收了国外关于职业怀疑的研究结论和成果，但东西方文化的差异是否会形成新的职业怀疑问题，本书并未涉及。从东西方文化和经济社会的差异看，这样的问题是很有可能存在的。

以上的局限性，是研究者学识、研究环境、研究的现状共同作用的结果。研究仍然具有一定的局限和不足，这些局限和不足也将是今后一段时间内笔者研究过程中应该继续努力的方向。

7.3　未来研究方向

在未来的研究，笔者将致力于以下几个方面的探索：

（1）对职业怀疑的认知原理进行实验检验，继续探究职业怀疑的合理内核；

（2）对我国审计人员在执业过程中保持职业怀疑的情况进行研究，以对我国审计人员保持职业怀疑的情况进行准确的把握；

（3）对影响审计人员保持职业怀疑的因素及作用机制进行深入的研究，不断地修正和提升对职业怀疑作用机制的理解；

（4）就东西方文化差异对审计人员理解和应用职业怀疑的影响开展研究，以克服职业怀疑自西方移植至国内可能出现的水土不服等问题；

（5）就职业怀疑的培育机制进行研究，以为会计师事务所遴选、培训审计人员提供理论指导，为会计师事务所构建有利于保持职业怀疑的文化和制度提供建议。

参考文献

[1] ACFE. Report to the Nations-Occupational Fraud and Abuse, ACFE website, 2013.

[2] AICPA. SAS No. 1-Codification of Auditing Standards and Procedures. www.aicpa.org, 1972.

[3] AICPA. SAS No. 16-The Independent Auditor's Responsibility for the Detection of Errors or Irregularities. www.aicpa.org, 1977.

[4] AICPA. SAS No. 53-The Auditor's Responsibility to Detect and Report Errors and Irregularities. www.aicpa.org, 1988.

[5] AICPA. SAS No. 82-Consideration of Fraud in a Financial Statement Audit. www.aicpa.org, 1999.

[6] AICPA. SAS No. 99-Consideration of Fraud in a Financial Statement Audit. www.aicpa.org, 2002.

[7] ARROW K. The Limits of Organization. New York: Norton, 1974.

[8] ASARE, S K, MCDANIEL L S. The effects of familiarity with the preparer and task complexity on the effectiveness of the audit review process. The Accounting Review 71, 1996 (2).

[9] ANDERSON B H, MALETTA M J. Primacy effects and the role of risk in auditor belief-revision processes. Auditing: A Journal of Practice & Theory 18, 1999 (1).

[10] BEASLEY M S, CARCELLO J V, HERMANSON D R. Fraudulent financial reporting: 1987 -1997: An analysis of U. S. public companies. Committee of Sponsoring Organizations of the Treadway Commission: Jersey City, 1999.

[11] BEHN B K, CARCELLO J V, HERMANSON D R, HERMANSON R H. The determinants of audit client satisfaction among clients of big 6 firms. Accounting Horizons 11, 1997 (1).

[12] BROWN C E, PEECHER M E, SOLOMON I. Auditors' hypothesis testing in diagnostic inference tasks. Journal of Accounting Research 37, 1999 (1).

[13] CARCELLO J V, NEAL T L. Audit committee composition and auditor reporting. The Accounting Review 75, 2000 (4).

[14] CHOO F, TAN K. Instruction, skepticism, and accounting students' ability to detect frauds in auditing. The Journal of Business Education 1 (Fall), 2000.

[15] COPELAND C. Professional skepticism. Business Credit, 1996 (8).

[16] CYNTHIA W T. Accountability demands and the auditor's evidence search strategy: the influence of reviewer preferences and the nature of the response (belief vs.

action). Journal of Accounting Research,2001(12) .

[17] DAVID P, BRETT A R, ANDREW J R. Training auditors to think skeptically, Working paper, 2011.

[18] HIRST D E, LISA K. Audit analytical procedures:a field investigation, Contemporary Accounting Research, 1996(3).

[19] DEUTSCH M. Corporation and trust: some notes. In nebraska symposium on motivation.NE:University of Nebraska Press, 1962.

[20] ELIZABETH A P, Robert J R. Fraud risk assessments and auditors' professional skepticism, Managerial Auditing Journal, 2005.

[21] Fred Hutchison. Professional skepticism vs. leaping to conclusions, RenewAmerica analyst, January 29, 2006.

[22] GRAMLING A A. External auditors' reliance on work performed by internal auditors: The influence of fee pressure on this reliance decision. Auditing: A Journal of Practice and Theory, 1999(18).

[23] HURTT R K. Professional skepticism: an audit specific model and measurement scale, Working paper, 2005.

[24] HURTT R K. Professional skepticism: an audit specific model and measurement scale. Working paper, Baylor University, 2007.

[25] HURTT R K, Eining M, PLUMLEE R D. An experimental evaluation of professional skepticism. Working paper, Baylor University, 2008.

[26] JOSEPH T W. Principles of fraud examination, New Jersey:John Wiley & Son, Inc., Hoboken, 2007.

[27] KADOUS K. The effects of audit quality and consequence severity on juror evaluations of auditor responsibility for plaintiff losses. The Accounting Review 75, 2000(3).

[28] KAYLA J G. Unconscious human nature affecting Professional Skepticism. http:// www. pcaobus. org / News_and_Events / Events / 2007 / Speech / 01-23_Gillan. aspx.2007.1.23, 2007.

[29] KEN T T. Audit judgment research—issues addressed, research methods and future directions. Accounting and Finance, 1998.

[30] KNECHEL W R. The Business risk audit: origins, obstacles and opportunities. Accounting, Organizations and Society, 2007.

[31] LA PORTA R. Trust in large organizations. The American Economic Review, 87, 1997(2).

[32] LISA K. A cognitive characterization of analytical review. Auditing: A Journal of Practices and Theory, 1993.

[33] LORI K W, MORLEY L, MORINA R. A model of trust and professional skepticism in the auditor-Client Relationship, Working paper, 2003.

[34] LUC Q, TOM G, ARNOLD W. What is professional skepticism?—four determinants of auditors' skeptical disposition and their relationship to analytical procedures planning behavior, Working paper, 2007.

[35] MAHZARIN R B, MAX H B, DOLLY C. How (Un)ethical are you?, Harv. Bus. Rev., at 56, 2003.

[36] MARK W N. A model and literature review of professional skepticism in auditing. Auditing: A Journal of Practice & Theory, 2009 (11).

[37] MUELLER J M, ANDERSON J C. Decision aids for generating analytical review alternatives: the impact of goal framing and audit-risk level. Behavioral Research in Accounting 54, 2002.

[38] PEECHER M E. The influence of auditors' justification processes on their decisions: A cognitive model and experimental evidence. Journal of Accounting Research, 1996(34).

[39] ROTTER J B. Generalized expectancies for interpersonal trust. American Psychologist 26, 1971.

[40] ROTTER J B. Interpersonal trust, trustworthiness and gullibility. American Psychologist 35, 1980.

[41] RUPERT M J, JOHN L P. Professional negligence. 4thedition. London: Sweet & Maxwell, 1982.

[42] SHELTON S W, WHITTINGTON O R, LANDSITTEL D. Auditing firms' fraud risk assessment practices. Accounting Horizons 15, 2001 (1).

[43] TIDWELL G. The auditor's responsibility in detecting fraud. Massachusetts CPA Review, 1995.

[44] TINA C, CINDY D, LISA M G. The incremental benefits of a forensic accounting course on skepticism and fraud-related judgments, Working paper, 2008 .

[45] TINA D C, JANE L R. The Effect of a partner's emphasis on professional skepticism on auditors' fraud judgments, Working paper, 2009.

[46] TURNER C W. Accountability demands and the auditor's evidence search strategy: the influence of reviewer preferences and the nature of the response (Belief vs. Action). Journal of Accounting Research 39, 2001.

[47] MONTAGUE W P. The ways of knowing.New York:The Macmillan Company, 1953.

[48] WLILLIAM R S, THOMAS D C, DONALD T C. Experimental and quasi-experimental designs for generalized causal inference, Boston:Houghton Mifflin Company, 2002.

[49] STEVE A, KEITH R H, MARSHALL B R. Deterring fraud: The Internal Auditor's

Perspective, Altamonte Sperings: The Institute of Internal Auditor ' s Research Foundation, 1984.

[50] STEVE A, CHAD A. Fraud Examination & Prevention. South-Western College Pub, 1993.

[51] 曹林."合理怀疑权"的证伪效率[J]. 中国记者,2004(8).

[52] 陈洁. 民间审计对第三者的民事责任[M]//中国资本市场前瞻. 北京:北京大学出版社,2001.

[53] 陈卫东,谢佑平. 证据法学[M]. 上海:复旦大学出版社,2005.

[54] 陈永生. 排除合理怀疑及其在西方面临的挑战[J]. 中国法学,2003(2).

[55] 陈毓圭. 对风险导向审计方法的由来及其发展的认识[J]. 会计研究,2004(2).

[56] 杜继文,等. 科学精神与怀疑论——世界未知现象探索理论座谈会摘要[J]. 科学与无神论,2005(1).

[57] 黄世忠. 安达信对世界通信公司审计失败原因剖析[J]. 中国注册会计师,2003(6).

[58] 黄世忠. 财务报表分析:理论·框架·方法与案例[M]. 北京:中国财政经济出版社,2007.

[59] 刘明辉. 独立审计准则研究[M]. 大连:东北财经大学出版社,1997.

[60] 刘明辉,薛清梅. 注册会计师产生动因的观点述评[J]. 中国注册会计师,2000(9).

[61] 刘明辉,毕华书. 论审计职业怀疑的合理边界[J]. 会计研究,2007(8).

[62] 刘明辉. 高级审计研究[M]. 大连:东北财经大学出版社,2013.

[63] 马来平. 试论科学精神的核心与内容[J]. 文史哲,2001(4).

[64] 马贤明,郑朝晖. 会计谜局[M]. 大连:大连出版社,2005.

[65] 莫茨,夏拉夫. 审计理论结构[M]. 文硕,等,译. 北京:中国商业出版社,1990.

[66] 尚德尔. 审计理论[M]. 汤云为,吴云飞,译. 北京:中国财政经济出版社,1992.

[67] 津巴多,利佩. 态度概念与社会影响[M]. 邓羽,肖莉,唐小艳,译. 北京:人民邮电出版社,2008.

[68] 殷. 案例研究——设计与方法[M]. 周海涛,译. 重庆:重庆大学出版社,2004.

[69] 普劳斯. 决策与判断[M]. 施俊琦,王星,译. 北京:人民邮电出版社,2004.

[70] 汪海燕,范培根. 论刑事证明标准层次性——从证明责任角度的思考[J]. 中国政法大学学报,2001(5).

[71] 汪寿成. 现代风险导向审计. 大连:大连出版社,2010.

[72] 王泽霞,张龙平. 美国独立审计师揭露舞弊财务报告的研究成果及启迪[J]. 审计研究,2003 (3).

[73] 詹俊,余玉苗. 美国大型会计公司的合并及对审计市场的影响[J]. 财会通讯:学术版,2005(01).

[74] 郑朝晖. 会计谜局·解[M]. 大连:大连出版社,2005.

[75] 中国注册会计师协会. 注册会计师鉴证业务基本准则[M]. 北京:经济科学出版社,2006.

[76] 中国注册会计师协会．中国注册会计师执业准则[M]．北京：经济科学出版社，2010.

[77] 中国注册会计师协会．中国注册会计师继续教育审计案例(第一辑)[M]．北京：中国财政经济出版社，2009.

[78] 中国注册会计师协会．中国注册会计师继续教育审计案例(第二辑)[M]．北京：中国财政经济出版社，2010.

[79] 中国注册会计师协会．中国注册会计师继续教育审计案例(第三辑)[M]．北京：中国财政经济出版社，2012.

[80] 张连起，丁勇．现代审计风险模型分析探讨[J]．中国注册会计师，2004(10).

[81] 张明仓．论合理的怀疑思维及其构建[J]．求索，1997(2).

[82] 朱秀丽，沈宁．走出批判性思维的认识误区[J]．中华护理杂志，2004(9).

索 引